GUIDE TO INVESTMENT AND TOURISM

对外投资与旅游地指南

阿联酋卷

王思宇\著

经济日报出版社

前　言

一、沙漠中的花朵

从空中俯瞰,这片土地是黑色的,在蔚蓝的海洋旁边,荒僻而沉静。

但就在这片沙漠里，散布着人类现代文明最为惊人的硕果。

千淘万漉虽辛苦，吹尽黄沙始到金。

阿拉伯联合酋长国，无疑是当今世界最为繁华的国家之一，同样也是最受欢迎、最开明的国家之一。

自古以来，中东便被称为“两洋五海三洲之地”，连接大西洋和印度洋，辐射地中海、黑海、红海、波斯湾和阿拉伯海，扼守亚洲、非洲和欧洲，这块土地历来都是兵家必争之地，是各大帝国扩张的必经之路。

在今天，世界贸易的繁荣、石油资源的丰裕和海运交通的地位，更令中东成为世界经济体系中极为重要的一环。

尽管，这里覆盖着地球上最为广袤的撒哈拉大沙漠，尽管，这里曾经遭受过大国的统辖和战争的蹂躏，但时至今日，精明务实的阿拉伯人振兴了这块土地，中东的石油从沙漠中涌起，随着巨轮输出到世界每一个角落。

阿联酋，便是这片土地上发展最快的国家，也是全世界最富裕的国家之一。与极具扩张性的现代经济模式相左，阿联酋人用繁华和开放造就了国家的兴盛，令全世界的财富和资源源源不断地汇入到这个红海之畔的贫瘠之地，使之从一个生产珍珠的弹丸之地，蜕变成为如今最为重要的商业中心和人流物流集散地，在这片荒漠之中，盛开出令人惊艳的盛世和繁华。

与庞大的中国相比，阿联酋的国土面积不到中国的 1%，比重庆市稍微大一点，但从 GDP 来看，2014 年重庆的 GDP 是 1.43 万亿元人民币，阿联酋的 GDP 是 4000 亿美元多一点，大概相当于重庆的两倍。从人均来看，这个差距更大，阿联酋的人均 GDP 在 2014 年是重庆市的六倍多。当然，经济指标的差距不能完全作为衡量发达程度的依据，但是与中国改革开放的社会主义发展模式不同，阿联酋在坐拥丰厚石油资源的基础上，并未完全沦为资源的输出者，而是走出了一条开放、包容、充分放大输入输出的发展模式，同时也成为世界经济交汇的重要舞台。

中东在世界经济的重要地位不言而喻，在当前中国的发展战略里，阿联酋同样是一个重要的合作对象。无论是丝绸之路经济带还是 21 世纪海上丝绸之路，阿联酋都是一个政治、地理、交通、经济、文化重要性兼具的桥头堡和中转站。更为珍贵的是，阿联酋的开放性和包容性，减少了大量存在于国家之间的经济文化乃至于政治和意识形态的阻力，同时又形成了极为成熟的经济发展体制和基础，因此无论是从投资贸易友好度、市场广阔程度，还是从发展机会和发展潜力上来看，阿联酋都是一个极具诱惑力的目的地。

二、勤劳的中国人和富裕的中国人

在阿联酋看到的中国人，大体上可以分为两类：勤劳的中国人和富裕的中国人。

从国内飞往阿联酋的航班上，常常会看到大量劳工，即使在较为昂贵的阿联酋航空航班上也为数不少。他们穿着朴素，随身携带的更多的是大包而不是行李箱，成群结队，很少大声说笑，总是沉默寡言。他们在国内的同行往往生活在板房里，工作在工地上，上下班主要靠走路，最主要的消遣是喝酒和打牌，从没有孤独感。

但是阿联酋的劳工们不一样，他们的生活条件往往会好一点，有专门的大院居住，有国内请来的不错的厨师，出国回国坐大飞机，上下班有专车接送，空闲时候还可以去购物天堂里转转，为家乡的孩子买一点稀罕的礼物。国外的生活是陌生的，也是闭塞的，他们的文化水平使他们往往不足以和外国人进行太多的交流，管理人员往往会发给他们一张常用英语词汇发音表，用汉语注明必要词语的表达方式，比如“停止(stop)——司套普”“午饭(lunch)——浪吃”“中国人（chinese）——拆尼斯”，这样的交流方式和本就单薄的社会关系让他们逐渐变得沉默寡言，很多人回国之后都会感到隔阂和陌生，对他们而言，这是赚取财富所必须面对的副作用，是一种很难祛除的职业病。

富裕的中国人则完全不会对阿联酋这样的国家产生陌生感，他们往往早已习惯了飞往异国游玩的经历，随身携带着耳机和 U 型枕，有的甚至会带一双舒适的拖鞋，以避免长时间飞行带来的双脚水肿。他们在迪拜塔上自拍，俯瞰这个宏伟的城市，他们在商业中心疯狂购物，身边带着大大小小的购物袋——以蓝色为主色调的免税店的专用袋。他们甚至完全不用担心语言障碍，几乎所有的免税店里都有中文标识，在迪拜的钟表、化妆品、酒水、皮具和服装店里，会中文的华裔售货员是标配。

随着中国人财富的积累和购买力的飞速上升，会中文的导购、售货员成为各大购物中心的宠儿，他们的收入比劳工要高得多，虽远远没有达到富裕的程度，但是至少他们能够完整地享受这个现代化国家所能带来的各种便利。相比于劳工和游客，他们是中间阶层，是真正生活在这里的人。

当然，在阿联酋的各个酋长国里，都有相当数量的中国人，他们既“勤劳”，也“富裕”，他们适应了异国他乡的生活，融入国际化都市的环境，买卖着各种资源和商品，在这个富裕的国家中赚取财富。他们用投资和贸易把两个国家、甚至更多国家连接在了一起，他们也代表着中国人走出国门之后真正有尊严、有事业的发展方向。

据不完全统计，2015 年，在阿联酋的中国人超过了 30 万，相当于阿联酋人口的 3%，其中所谓的“迪漂”是典型代表。但与此同时，庞大的劳工群体、日益增长的服务行业人员、稳步发展的商业贸易人员和潮水般来来回回的游客，共同构成了这个国家的华人生态系统。

阿联酋能带给中国人的，不仅有财富，更有思想的冲击和生活方式的引导。目前，这种吸引力仍然在逐步加强，阿联酋给了中国人更多的机会，而毋庸置疑的是，中国人也为阿联酋带来了更多财富和活力。

三、富人天堂——迪拜

想要到阿联酋，最舒适的方式是乘坐阿联酋航空。

阿联酋航空是世界上唯一一家只运营大型飞机的航空公司，也是世界上覆盖面最广、规模最大的航空公司之一。巨大的 Emirates 标志在各国的大机场都随处可见。阿联酋航空连接着包括亚、非、欧、南北美等各个国家的 150 多个目的地，将迪拜打造成媲美法兰克福和巴黎的世界最重要航空港。

顺便说一句，欧洲十大最有价值的球队里，阿联酋航空就赞助了三家：皇家马德里、巴黎圣日耳曼、AC 米兰。

如果说阿联酋航空是阿联酋经济与文化的一个缩影，那么迪拜则是这种文化精神达到极致的体现。

相比于首都所在地阿布扎比，迪拜的石油资源并不占优势，但这个酋长国有着独特的眼光和“不做第二”的雄心壮志。今天，迪拜的经济在阿联酋已经稳稳排在第一，更重要的是，迪拜已经超越了纽约、伦敦、巴黎和东京，成为繁华城市的最佳代言。

迪拜拥有世界上第一家七星级酒店，迪拜拥有世界上最高的摩天大楼，迪拜拥有全球最大的购物中心，迪拜拥有世界上最大的室内滑雪场，迪拜用高科技在海下建造了亚特兰蒂斯酒店，迪拜用人工建造的岛屿组成世界的形状……这个城市仿佛出自于一个随心所欲、异想天开的孩童之手，奢华、浪漫、超越想象力，却又总能够成为现实。

对世界各地的游客来说，迪拜更是新的购物天堂，世界上最大的购物中心，对旅行者来说诱惑不是一般的大。更为诱人的是，这里随处可见穿着时尚、挥金如土的人们，街道上满是各式各样的豪车，甚至经常有百万美元的豪车被弃若敝屣，直到政府把它拖走。

迪拜不仅创造着世界上最为漂亮和豪华的城市和建筑，同样也买卖着最为丰富的商品，包容着各种各样的流行文化，帆船酒店就像一面旗帜，招揽着世界各地的人们，邀请游人品尝生活的活色生香，而迪拜塔则高高在上，仿佛要刺破天空，散发着无与伦比的高傲和威严。

在很多人的心目中，迪拜等于“土豪”。“豪”吗？豪。“土”吗？未必。

阿拉伯人是世界上最懂得经商的民族之一，迪拜人则是智慧商人的典型代表。如果没有被预先告知，你很难知道自己是在哪个国家。路上行走着同样数量的阿拉伯人和欧洲人，指挥交通的很多是印度人，经营商场的有很多黄种人，而各个行业里都有不少黑人。开放的民族政策和经济法规，让这片土地成为所有有梦想的人的期许之地。2002 年，阿联酋开始准许非阿联酋国民在迪拜购置房产，各国移民大量移居迪拜，带来的资金和劳动力极大地刺激了城市的发展，多元化的民族结构令迪拜变得更加友好，而“应有尽有”的供应能力，让这种开放不再是无本之木，只要你有钱，这里就可以实现你的所有梦想，只要你有梦想，这里同样可以有机会实现你的梦想，也许这就是迪拜的魅力。

想要理解阿联酋，可以从迪拜开始。想要留在阿联酋，可以从留在迪拜开始。

四、发展中的共赢

对阿联酋来说，中国无疑是一个非常重要的市场，这一点从阿联酋航空的目的地就可以看出来，该公司在中国有 7 个停靠机场，仅次于美国和印度的 8 个。

中国和阿联酋自 1984 年建交以来，两国友好合作关系发展顺利。特别是近年来，中阿关系呈现全面、快速发展势头。两国高层互访和各级别往来不断，在国际和地区事务中相互的支持与配合逐渐增多。2012 年 1 月，时任国务院总理温家宝[1]对阿联酋进行正式访问，中阿建立战略伙伴关系。3 月，阿联酋阿布扎比王储穆罕默德访华。12 月，全国政协副主席王志珍赴阿出席“中国—海湾阿拉伯国家可持续发展论坛”。2013 年 3 月，阿联酋联邦国民议会议长莫尔访华。2015 年 1 月，外交部部长王毅访阿。12 月，阿布扎比王储穆罕默德访华。

阿联酋是我国在阿拉伯世界的最大出口市场和第二大贸易伙伴。2015 年，中阿双边贸易额为 486 亿美元，其中中国出口 371 亿美元，进口 115 亿美元，主要出口机电、高新技术、纺织和轻工产品，主要进口液化石油气、原油、成品油、铝及铝制品等。2015 年，我国从阿进口原油 1257 万吨，同比增长 7.8%。

两国在金融、教育、人文等领域的合作富有成果。2015 年，双方续签本币互换协议，签署有关设立中阿共同投资基金、驾照互认协议，并将双方互免签证范围从外交护照持有人扩大到中方公务和因公普通护照持有人及阿方特别和公务护照持有人。阿布扎比中文学校教学工作进展顺利，北京外国语大学和宁夏大学分别与阿联酋扎耶德大学和迪拜大学合作建立了孔子学院。

自 2016 年 11 月 1 日起，中华人民共和国公民持普通护照入境阿

---

① 为避免行文烦琐，若无特别说明，本文中提到的职务皆为时任。

联酋无须预先申请签证。

在对外投资贸易行为当中，经济社会环境、两国关系程度和投资者本人的意愿可谓是三足鼎立，通常扮演着同样重要的角色。目前来看，阿联酋可以算是对中国投资贸易最为友好的国家之一，无论是发达的海陆交通系统，还是宽松开放的社会环境，抑或是双方政府在经济社会领域逐步拓宽的政策支撑，都令中国的商人“走出去”变得更加容易，随着中国经济实力和外交辐射范围的增强，这种趋势还在随之强化。

对于阿联酋来说，增进与中国的经济联系当然是好事，作为一个资源、贸易和旅游是支柱产业的经济体，与外部世界的联系可以说是生死攸关般重要。对于中国来说，阿联酋同样是一个绝佳的投资去向，海港和空港的两重优势令中国庞大的产能找到了一条可行的宣泄路线，日益富裕的中国人也开始进入世界经济体系，成为所谓的“世界商人”。相比于似乎友情更重于利益的非洲国家，中国与阿联酋的经济合作，可能是“双赢”的更好诠释。

五、这本书在讲什么

无论对谁来说，用一篇文章或一本小书来分析一国经济或者两国贸易的发展情况都是困难的，市场上经常能够见到令人厌烦的长篇累牍的数据罗列，这可能并不是一个投资者所乐意见到的。或者说，在生活节奏如此之快、信息传播如此迅捷的今天，用一本书去指导一个企业的投资行为，必然是不明智的。我们希望这本书能够为投资阿联酋的企业和个人起到一定的参考作用，如果能够产生参照的意义，就已经能够达到令人满意的程度了。

在这本书中，我们试图将枯燥的数据用形象的语言解读，并用经济学知识和常见的方式阐述清楚，从而使这本书变得好读、有趣。我们尽量更少地使用图表和表格，对少量的重要图表也会进行详细的分析。我们尽量使这本书所介绍的情况能够简明扼要、生动具体，并能浅显直白地告诉读者这些数据背后的隐藏含义。相比于一本很快过时的百科全书，我们更希望这本书能够成为一本随时供您参考的小册子，一本在境外能够读得津津有味的闲暇读物。

由于各个机构统计口径的差异，我们无法保证所有数据的完全准确，在本书中，我们将重点参考外交部、商务部、统计局等国家部委、单位发布的相关信息，以保证书中内容的权威性和真实性。当然，一个睿智的投资者也不太可能使用本书中的数据作为投资决策的依据，相比于一项英明的投资活动，本书所覆盖的信息远不够详尽。正如笔者始终强调的，本书只是将阿联酋的整体面貌和主要信息形象地呈现出来，我们更愿意为读者提供一份能够迅速消化的、提供基本判断依据的信息大餐，至于投资过程中更专业的事，就请交给更专业的人。我们在力所能及的范围内令这本书更加完善、更加有趣，如有谬误，欢迎读者随时反馈给我们。

CONTENTS 目录

AE UNITED ARAB EMIRATES

AE UNITED ARAB EMIRATES

第一章

中国与阿联酋投资贸易情况

01

金色国度　金色时代

阿联酋当然是金色的，这个国家的大部分领土都被金色的沙漠覆盖，相信在很多人眼里，甚至“阿联酋”这三个字都闪烁着金色的光芒。街道上穿梭着形式各样的跑车，富丽堂皇的购物中心比比皆是，吃喝玩乐无所不用其极，酒店和海岛都仿佛是“土豪”任性的作品，阿联酋用它独有的国家性格，最大限度地展现出物质和财富所能带来的享受和满足。

这个时代当然也是金色的，它不仅仅是阿联酋的时代，同样也是中国的时代。在这个时代里，阿联酋用开放和包容，吞吐着整个世界的财富。在这个时代里，中国则用稳定和奋斗，迅速成为一个极其庞大的经济体，进而影响着全球的经济生态。一个从起步伊始就立志成为世界经济体系中独一无二的一环，一个正在积极融入全球经济，扮演着越来越举足轻重的角色，阿联酋对于中国，中国对于阿联酋，都是不得不关注的经济贸易对象。

回顾近年来两国之间的政治经济交流，我们很容易看到一个显而易见的特点：经济交往几乎超越了政治关系，成为中国与阿联酋关系的主题。这样比较纯粹的国家关系带来的好处是显而易见的：不用担心政治上的波动对经济环境造成过多的影响，也不必考虑大量国家政策所造成的不充分竞争和过度竞争。对于当代中国商人来说，在一个相对安稳宽松的环境里做生意，这简直是得天独厚的条件，虽然并不像犹太人和阿拉伯人一样声名远播，但中国人的经商能力是毋庸置疑的，他们通常不需要太多支持就能干出一番事业。

需要我们读懂的另一个趋势是，如何看待客观存在的全球经济下行。客观地讲，无论是中国，还是阿联酋，抑或是两国之间的经济贸易往来，从数据上看，上升曲线坡度放缓，甚至连年下降的情况都是无法回避的，但如何理解这些数据，可能还要放在一个更长的时间区间里看待。对于中国商人，甚至绝大多数中国人来说，我们已经习惯了10%左右的GDP年增速，但是在全世界来看，相当一部分国家，包括很多发达国家，经济增长速度从没有达到中国近三十年的水平。这是一个角度。从另一个角度，结合全球经济局势来看，如果以商业上的成功为目的，我们完全没有必要以太过严苛的标准设立准入界限，对大多数人来说，我们只需要跑赢GDP增长率就可以了，甚至不超过经济下行速度就可以盈利。在传统的粗放的管理模式下，规模往往是决定利润的最主要因素，但在阿联酋这样的经济充分发展的国家里，规模带来的影响力远远没有信息、技术和资源重要。在很长一段时间里，中国商人都是勇敢的商人、勤劳的商人，但当代经济局势下，我们可能更需要聪明的商人和睿智的商人，这一章的数据和内容，可以看作锻炼您眼力的一项测试。

一

中国与阿联酋的双边关系

中国和阿联酋自 1984 年建交以来，两国友好合作关系发展顺利。特别是近年来，中阿关系呈现全面、快速发展势头。两国高层互访和各级别往来不断，在国际和地区事务中相互支持与配合。

1984 年 11 月 1 日，两国正式建立外交关系。同年，姚依林副总理[①]率政府代表团访阿，并成立两国经贸和技术合作混合委员会。建交以来两国关系发展顺利，两国高层和各级别人员互访不断，双方在国际和地区事务中相互支持与配合。

1988 年 11 月，阿联酋经贸部部长贾尔旺访华，举行了第一届中阿经贸混委会会议。

1989 年 11 月，我国经贸部部长郑拓彬访阿，召开了第二届中阿经贸混委会会议。

1993 年 7 月，李岚清副总理访问阿联酋，随访的外经贸部部长

① 为避免行文烦琐，如无特别说明，文中职务皆为时任。

助理田润之与阿外贸部次长穆巴拉克共同主持召开了第三届中阿经贸混委会会议。两国签订投资保护协定和避免双重征税协定。

2002年3月，国务委员吴仪访阿，举办了中阿企业研讨会。

2002年6月，阿联酋经贸部长法希姆·卡西米率政府代表团访华，与我外经贸部部长石广生共同主持召开了中阿第四届经贸混委会会议。

2004年4月，阿副总理兼外交国务部部长哈姆丹访华。

2004年12月，原外经贸部魏建国副部长访问阿联酋，与阿联酋财政工业部部长助理哈里德·布斯坦尼进行了会谈，就发展双边经贸关系交换了看法，并出席了我国外经贸部和财政工业部合作在迪拜工商会举办的“中阿投资研讨会”，以及和阿经济计划部部长谢赫·鲁卜娜·卡西米女士一道出席迪拜中国商品分拨中心开幕仪式。

2005年6月，曾培炎副总理率中国政府代表团对阿联酋进行正式友好访问，并与阿副总理兼外交事务国务部部长哈姆丹·本·扎耶德进行会谈。

2006年5月，外交部部长李肇星访阿，分别与阿布扎比王储穆罕默德、阿外交部部长阿卜杜拉举行会谈。同月，阿外交事务国务部部长穆罕默德赴京出席中阿合作论坛第二届部长级会议。

2006年10月，阿联酋经济部长谢赫·鲁卜娜·卡西米女士应我商务部邀请携阿经济部 WTO 司司长、经济部长办公厅主任一行三人前往广州，出席10月14日、15日在广州举办的中国出口商品交易会（广交会）50周年暨第100届庆典活动。

2007 年 1 月 30 日，胡锦涛主席过境阿联酋迪拜，与迪拜酋长穆罕默德进行会面，双方就双边关系及共同关心的国际和地区问题深入交换了看法。

2012 年 1 月，国务院总理温家宝对阿联酋进行正式访问，中阿建立战略伙伴关系。3 月，阿联酋阿布扎比王储穆罕默德访华。12 月，全国政协副主席王志珍赴阿出席“中国—海湾阿拉伯国家可持续发展论坛”。2013 年 3 月，阿联酋联邦国民议会议长莫尔访华。2015 年 1 月，外交部部长王毅访阿。12 月，阿布扎比王储穆罕默德访华。

两国在金融、教育、人文等领域的合作富有成果。2015 年，双方续签本币互换协议，签署有关设立中阿共同投资基金、驾照互认协议，并将双方互免签证范围从外交护照持有人扩大到中方公务和因公普通护照持有人及阿方特别和公务护照持有人。阿布扎比中文学校教学工作进展顺利，北京外国语大学和宁夏大学分别与阿联酋扎耶德大学和迪拜大学合作建立了孔子学院。

二

阿联酋的对外经贸关系

【多边协定】

阿联酋自1994年起成为关贸总协定（GATT）缔约方，并于1996年加入世界贸易组织（WTO），2007年起开始全面履行义务。

【区域协定】

阿联酋是海湾合作委员会（GCC）成员国、大阿拉伯自由贸易区（GAFTA）、国际货币基金组织（IMF）、石油输出国组织（OPEC）、国际原子能机构（IAEA）等国际组织的成员。作为GCC成员之一，阿联酋积极参与GCC与其他国家及地区的自贸区谈判。目前，阿联酋已与新加坡、欧洲自贸体（瑞士、挪威、冰岛、列支敦士登）和新西兰签署了自贸区协议；正在进行谈判的有日本、中国、印度、巴基斯坦、土耳其、澳大利亚、韩国和南方共同市场

（巴西、阿根廷、乌拉圭、巴拉圭）。

【贸易总量】

据统计，2014 年阿联酋货物贸易进出口总额为 6764 亿美元，其中出口 4047 亿美元，进口 2717 亿美元。2014 年上半年阿联酋非石油出口额约为 172.9 亿美元[①]，进口额约为 929.1 亿美元，转口贸易约为 331.7 亿美元。

阿联酋服务贸易的类型比较单一，以旅游服务和运输服务为主。根据世贸组织发布的统计数据，2013 年阿联酋服务贸易总额约为 864 亿美元，服务出口额约为 164 亿美元，其中旅游服务占比 70.5%，运输服务占比 29.5%，服务进口额约为 700 亿美元，其中运输服务约占 64.5%，旅游服务约占 25.5%。

【贸易伙伴】

按阿联酋国家统计局公布的数据，2014 年上半年，阿联酋非石油贸易排名前五位的贸易伙伴国分别是印度、中国、美国、伊朗、德国；其中，印度是阿联酋非石油贸易第一大出口国，其次是沙特和瑞士；伊朗是阿联酋非石油贸易第一大转口国，其次是印度和比利时。

【贸易结构】

阿联酋主要出口商品有石油及炼制品、天然气、宝石、贵金

① 数据来源：阿联酋国家统计局

属、贱金属、矿产品、石化产品。主要进口商品有机械、电机、电子设备、汽车与飞机等交通工具、宝石、贵金属、贱金属、纺织品、化学制品等。

【地理辐射】

由于安全形势稳定、交通物流便利、基础设施完备、贸易政策宽松，迪拜已经成为海湾和中东地区的经济和贸易转口中心，并着力打造伊斯兰经济之都。迪拜的市场辐射红海和海湾地区各国，消费者人数达 15 亿，并且作为连接中东与非洲、欧洲的枢纽，在全球货运和分送系统中发挥着重要的连接作用。迪拜转口贸易占整个阿联酋转口贸易的近 80%，在对外贸易中扮演非常重要的角色。自 2000 年以来迪拜转口贸易保持两位数以上的增长速度，规模逐年递增。

【吸引外资】

据统计[①]，2014年阿吸引外资130亿美元，同比增长25%，外国直接投资对阿联酋 GDP 贡献率为 5%。

据联合国贸发会议发布的《2015 年世界投资报告》显示，2014 年，阿联酋吸收外资流量为 100.7 亿美元；截至 2014 年底，阿联酋吸收外资存量为 1155 亿美元。

在阿联酋投资的国际跨国公司涵盖各行各业，在油气领域有埃

① 数据来源：阿联酋经济部。

克森美孚、BP、道达尔、壳牌、日本国家石油公司、韩国国家石油公司等；在金融领域有汇丰银行、渣打银行、德意志银行等；在新能源领域有第一太阳能。世界知名跨国公司大多在阿联酋有投资，阿经济部部长表示，目前 20% 的跨国集团将商业总部设在阿联酋。

据阿通社和《海湾时报》2014 年 8 月 5 日报道，以印度、中国、巴西和俄罗斯金砖四国为主的新兴市场对阿联酋的投资已超过中东北非地区的国家。据悉，阿联酋主要吸引来自新兴市场和中东北非地区的资本，摩根士丹利将阿联酋列为新兴市场，更使得阿联酋成为全球最热门的投资目的地。印度在金砖四国中对阿联酋资本流入占比最大。

【对外援助】

2013 年阿联酋对外援助 216.3 亿迪拉姆（合 58.9 亿美元），占国民收入达到创纪录的 1.34%，高于联合国制定的在 2015 年发达国家达到 0.7% 的要求。

【援助种类】

2013 年对外援助中，发展援助总额 204.6 亿迪拉姆（合 55.7 亿美元），占总额 94.6%；其中，慈善援助 6.4 亿迪拉姆，占总额 2.95%；人道主义援助 5.3 亿迪拉姆，占总额 2.45%。

【援助方式】

在全部对外援助中，无偿援助 137.7 亿迪拉姆，占总额 63.64%；贷款 78.6 亿迪拉姆，占总额 36.36%。在政府发展援助中，无偿援助 124 亿迪拉姆，占总额 61.3%，贷款 78.6 亿迪拉姆，占总额 38.7%。

【受援国分布】

对非洲国家提供援助 181 亿迪拉姆；对亚洲国家提供援助 27 亿迪拉姆；对欧洲、美洲、大洋洲等国家提供援助 8.1 亿美元。

【援助来源】

政府援助 179 亿迪拉姆，占总额 82.6%；阿布扎比发展基金提供援助 17 亿迪拉姆，占总额 11.19%；本·哈里发本·扎伊德人道主义工作机构提供援助 7.8 亿迪拉姆，占总额 3.59%；阿联酋红新月会提供援助 5.7 亿迪拉姆，占总额 2.62%。

【援助领域】

旨在实现千年发展目标的援助 204.6 亿迪拉姆，其中旨在实现消除贫困目标的援助 59 亿迪拉姆，旨在建立全球发展伙伴关系目标的援助 113 亿迪拉姆，旨在实现环境可持续发展目标的援助 23 亿迪拉姆。

三

中阿双边经贸合作状况

【双边贸易】

近年来，中阿双边贸易发展迅速，阿联酋是中国在中东地区第二大贸易伙伴。2014年，中阿双边贸易额达548.06亿美元[①]，同比增长18.5%。其中中国对阿联酋出口390.4亿美元，同比增长16.8%；进口157.66亿美元，同比增长22.9%。2013年，阿联酋在中国全球贸易伙伴排名中位列第24位。

近年来，中国对阿联酋出口商品主要类别包括：①机械器具及零件；②电机、电气、音像设备及其零附件；③针织或钩编的服装及衣着附件；④家具、寝具、灯具及活动房；⑤非针织或非钩编的服装及衣着附件；⑥钢铁制品；⑦鞋靴、护腿和类似品及其零件；⑧塑料及其制品；⑨化学纤维长丝；⑩车辆机器零附件，但铁道车

① 数据来源：商务部网站

辆除外。中国从阿联酋进口商品主要类别包括：①矿物燃料、矿物油及其产品，沥青等；②塑料及其制品；③铜及其制品；④动植物油、脂、蜡，精制食用油脂；⑤有机化学品；⑥盐、硫黄、土及石料，石灰、水泥；⑦矿砂、矿渣及矿灰；⑧珠宝、贵金属及制品，仿首饰，硬币；⑨铝及其制品；⑩虫胶，树胶、树脂及其他植物液、汁。

阿联酋是中国在阿拉伯世界最大出口市场和第二大贸易伙伴。2015年，中阿双边贸易额为486亿美元，其中中国出口371亿美元，进口115亿美元，同比分别下降11.3%、4.9%和27.2%。我国主要出口机电、高新技术、纺织和轻工产品，主要进口液化石油气、原油、成品油、铝及铝制品等。2015年，我国从阿联酋进口原油1257万吨，同比增长7.8%。

【双向投资】

在“走出去”的战略推动下，中国企业赴阿联酋投资步伐加快。目前，超过3000家中国公司在阿联酋开办了公司或办事处。

2014年当年，中国对阿联酋直接投资流量7.05亿美元。截至2014年末，中国对阿联酋直接投资存量23.33亿美元。目前，中国对阿联酋投资主要领域为能源、钢铁、建材、建筑机械、五金、化工等；其中主要投资项目包括：Adnoc和中石油合资成立AlYasat石油作业公司，中石油占股40%；天津钢管厂投资15亿人民币（近2亿美元）在迪拜杰布阿里自由区设立分公司；中化集团公司累计投资约 1 亿美元开发阿联酋油气田项目。

2014 年，阿联酋在中国投资项目有 33 个，实际投资金额 2855 万美元。2008 年 12 月，阿联酋博禄公司（Borouge）投资 2980 万美元在上海奉贤区海港开发区建立工程塑料生产基地，年产复合树脂 5 万吨。2010 年 5 月，博禄与广州市南沙区政府签署协议，在广州南沙建立生产工厂，该工厂于 2012 年中期建成，设计年产复合聚丙烯树脂 10.5 万吨。2014 年，迪拜著名酒店集团朱美拉宣布在华新签 3 家酒店和度假村的管理协议，其在华管理的酒店地产项目已达 8 处。

截至 2015 年底，有超过 4200 家中国企业在迪拜设立分公司，伴随着开放的迪拜贸易经济政策，将会有更多的中国企业和个人前往迪拜。2015 年中国资本投资到海外房地产的资金总额达到 300 亿美元，是 2014 年的两倍。中国买家对迪拜房地产市场的投资在 2015 年前 9 个月达到 4.63 亿美元，超过了 2014 年的总额 3.54 亿美元。

除了房地产领域的投资，中国个人与企业对高新领域的投资也开始展露兴趣。迪拜一直致力于完善电子政府，并逐步向智能政府转型。2015 年底马云与迪拜酋长穆罕默德·本·拉希德·马克图姆殿下的会谈即体现了中国企业，尤其是作为电商及信息技术的领军企业阿里巴巴，对阿联酋政治经济发展做出积极贡献的愿望。会晤后，阿里巴巴与迪拜知名控股公司 MERAAS 在迪拜成立合资公司 Yvolve，针对中东区域提供大数据云计算服务，并将在 2016 年第三季度建成开放大型数据中心。

根据迪拜政府的数据，2015 年阿联酋 62% 的海外贸易来自进口，其中中国作为阿联酋第二大贸易合作伙伴，贸易额高达600亿美元。在这样积极的环境下，中国企业与个人投资者更是把目光从传统的贸易合作转向房地产、制造业及高新科技领域等新兴行业。

【货币互换】

2012年1月17日，中阿签署双边货币互换协议，规模为350亿元人民币/200亿迪拉姆，有效期为3年。

2015年12月14日，中国人民银行与阿联酋中央银行续签了双边本币互换协议，互换规模维持350亿元人民币/200亿迪拉姆不变，有效期为3年，经双方同意可以展期。同日，双方签署了在阿联酋建立人民币清算安排的合作备忘录，并同意将人民币合格境外机构投资者（RQFII）试点地区扩大到阿联酋，投资额度为500亿元人民币。上述安排标志着中阿两国金融合作迈出新步伐，有利于中阿两国企业和金融机构使用人民币进行跨境交易，促进双边贸易、投资便利化。

【承包劳务】

2012年以来，阿联酋建筑市场逐步复苏。2014年阿联酋工程承包市场发包总额达到500亿美元，同比增长约10%，其中，随着伊提哈德铁路以及阿布扎比地铁项目的相继启动，政府部门授标的基础设施项目工程总额将达到151.8亿美元。目前阿联酋在建项目总额已经超过6000亿美元。

鉴于2020年世博会将在迪拜举办，这将有力促进迪拜的城市建设和多元化发展。迪拜世博会基础设施和城市建设所需的公共和私营总投入约合183亿美元。未来几年，迪拜世博会筹备和城市建设过程中，建筑、交通类项目的发包量将大幅增长。

2014年，中国企业在阿联酋新签承包工程合同62份，新签合同额18.94亿美元，完成营业额11.50亿美元；当年派出各类劳务人员2771人，年末在阿联酋劳务人员11648人。新签大型工程承包项目包括中国建筑工程总公司承建棕榈岛度假酒店PJTRH02—03、中国石油工程建设公司承建阿布扎比原油管线项目、华为技术有限公司承建阿联酋电信等。

2015年中国对外承包工程业务新签合同额2100.7亿美元，首次突破2000亿。其中，在“一带一路”相关的60个国家新签合同额926.4亿美元，占比高达44.1%。

2015年10月，阿联酋迪拜水电局宣布，中国哈尔滨电气国际工程公司（哈电国际）和沙特电力组成的联合体预中标迪拜Hassyan清洁煤电站一期项目，项目金额18亿美元。这是中国企业首次在阿联酋拿下电力类承包项目，标志着中国企业正式进入海湾电力高端市场，具有突破性的意义。

Hassyan清洁煤电站项目共分3期，其中一期2×600兆瓦项目采用国际公开招标，特许经营权年限为商业运营25年，计划2016年开工，首台机组预计2020年3月商业运行，2021年3月全厂投运。待后续二、三期建成后，这一电站装机发电量将达到3600兆瓦。经过激烈竞争，哈电国际与沙特电力联合体凭借在技术和价格方面的优势，预中标一期项目。哈电国际将与法国阿尔斯通集团共同完成电站建设，然后联合沙特电力和美国 NRG 能源公司共同运营。

【能源合作】

2015 年 12 月 14 日，在阿联酋阿布扎比王储穆罕默德到访中国期间，国家发展改革委主任徐绍史与阿联酋国务部部长苏尔坦签署了《关于设立中国—阿联酋投资合作基金（有限合伙）的备忘录》，标志着中国—阿联酋联合投资合作基金正式设立。国家开发银行、外汇局和阿联酋穆巴达拉发展公司同时签署了相关法律文件。中国—阿联酋联合投资合作基金规模为 100 亿美元，将由阿布扎比穆巴达拉发展公司（Mubadala Development Company）、中国国家开发银行与中国国家外汇管理局共同管理，谋求在全球进行战略投资。该基金将寻求在常规和可再生能源、基础设施、科技与先进制造等多个领域进行投资，中国与阿联酋政府将各提供一半资金。

目前，在阿联酋经营的中国公司数量已超过 4200 家。2014 年，中国还加入了总部位于阿布扎比的国际可再生能源机构。双方在石油天然气、核能等能源领域均签署了合作协议。目前阿联酋是中国进口石油的第八大供应国，2014 年中国从阿联酋进口的石油量达 24.8 万桶 / 日。

中阿两国在石油领域的合作不仅限于进出口，阿联酋更重视中阿两国在石油生产方面的合作。在中东的石油国家中，阿联酋是可再生能源战略最积极的践行者。阿联酋正积极部署推进核电与太阳能利用项目。位于阿布扎比的马斯达尔城项目已于2008年正式启动，该项目由阿布扎比政府所有的未来能源公司投资建设，规划投资总额187亿—198亿美元，目标是建成全球首座零碳城市和世界级清洁技术研发基地。阿联酋的首批1、2号核电机组也将分别于2017年、2018年投入运行。根据阿联酋的规划目标，到2020年，7%的能源消费来自可再生能源。到2024年，25%的能源消费来自包括核能、可再生能源在内的清洁能源。而目前可再生能源在阿联酋能源消费中占比不足1%。这意味着中方将有更多机会参与到阿可再生能源发展事业中来。

同时，作为“一带一路”沿线国家之一，阿联酋非常支持中国的“一带一路”倡议。2015年6月，阿联酋签署了《亚洲基础设施投资银行协定》，成为该国际金融机构的创始成员国之一。中阿双方一致提出，将致力于深化各领域各层次交流合作，在共建“一带一路”框架内加强务实合作，推动双方在能源、基础设施建设、贸易投资、航天等领域产业合作取得新成果。将亚洲基础设施投资银行打造成互利共赢的基础设施投融资平台，促进区域互联互通和经济发展，同时积极探讨双方在亚洲开展三方合作。

【电信合作】

目前，华为和中兴已经成为阿联酋电信业设备主流供应商。

1. 华为阿联酋分公司

目前华为和阿联酋国家电信公司（ETISALAT）结成战略合作伙伴关系。随着阿联酋国家电信公司在海湾、南亚和非洲的扩张，华为公司也随之积极开拓市场。

华为公司的包括 LTE、3G、GSM、NGN、传输、FBB、IPTV、FTTX 等多种电信解决方案在阿联酋的电信市场实现了规模应用。2009 年华为与 ETISALAT 成立联合业务创新中心，2010 年又与 ETISALAT 签订了培训合作伙伴协议，华为选定该公司的培训学院作为其在中东、非洲的下一代网络合作培训中心，并为该学院提供培训所需的技术和资源支持。

2016 年 2 月，阿联酋电信集团（Etisalat Group）与华为联合宣布，双方就开发阿联酋云工厂技术平台发布合作白皮书。该架构经过后期开发，将通过创新云技术为在阿联酋境内从事国际业务的企业提供整体解决方案。该方案的初步计划是评估阿联酋电信对虚拟化网络功能在技术和商业层面的要求，例如运营支持系统（OSS）、增值服务（VAS）以及策略和计费规则控制功能（PCRF）等。阿联酋电信的云工厂也会将以上功能汇聚到一个分布式数据中心平台，以实现阿联酋电信 18 家运营公司资源共享的目的。

2. 中兴公司阿联酋分公司

中兴通讯股份有限公司已经与 ETISALAT 建立了长期战略合作

伙伴关系，在阿联酋本土市场，以及阿富汗、印度、巴基斯坦、埃及等，开展了大规模通信项目的合作，涉及移动、固网、光传输、终端等全套产品解决方案，并提供交钥匙工程和后续高质量网络维护。此外，中兴通讯还与 ETISALAT 在迪拜展开培训学院的合作，将为其提供先进的电信设备，并派遣优秀的讲师为他们的员工提供通信技术和电信运营方面的培训。

四

中国企业赴阿联酋投资的策略分析

【了解阿联酋市场的辐射能力】

阿联酋是中国在阿拉伯世界最大的出口市场，阿联酋辐射的中东市场通常指环绕波斯湾和阿拉伯海的 9 个国家和周边阿拉伯国家，总人口达到 8 亿，这些阿拉伯国家的轻工、日用、电子、服装基本上依赖进口，产品的价格要求为中低价位。

阿联酋最重要的货物集散地是迪拜，进口到迪拜的货物 75% 转口非洲市场，20% 转口周边海湾国家以及欧美国家，5% 直接在阿联酋消费。

【了解中东客商的特点】

在与中东客商交易时，必须掌握其特点，才有助于做成生意。他们的特点主要是：

1. 热衷于现货交易

与阿联酋的开放政策不同，其他伊斯兰国家在商业和贸易方面的限制仍然很多，同时因为基础设施和物流体系尚不健全，阿联酋周边国家的商人喜欢把货物先带到迪拜，然后再转口到自己国家，或者直接到阿联酋各大专业市场购买现货。因此，中东和北非的商人热衷于现货交易，客商往往会在一地采购多类商品，商品和资金在市场的流动非常频繁。为了满足客户的多种需求，店铺经营户往往会在商店里陈列样式繁多的商品，因而阿联酋各大市场的商铺有一个特别的名字——Showroom。

2. 多方询价，广为比较

阿联酋的贸易商多为来自印巴和其他一些阿拉伯国家的外国居民，他们从业经验丰富，通常会多方向出口商询价，充分进行比较。他们还善于取巧，甚至以同一国家不同公司的报价去压低该国另外一些公司的价格，以获取最大的商业利润。

3. 要求提供样品

阿联酋进口商在收到出口商的报价后，一般都要求看样品，甚至对他们过去曾经进口过的商品，也会在再次成交前要求看样品。因此，准备去阿联酋访问考察的各位企业家，请你们务必注意这一点，在推销轻便产品时必须携带样品；对于体积大而重、不便携带的商品的推销，则必须有图文并茂的图片、样本和详细的文字说明，让客商能通过这些资料获得初步了解。

4. 要求报价迅速

当地进口商一般要求外商能够马上报价，如果拖延一段时间，他们会转向其他的贸易商。总的来说，阿联酋进货渠道比较多，进口商选择余地比较大。

【利用自由贸易区优惠经商条件】

阿联酋7个酋长国均拥有自己的自由贸易区，目前阿联酋的自由贸易区数量已超过17个，这些自由区是阿联酋经济的重要组成部分，成为海湾地区主要的转口贸易中心。企业可以选择通过自由贸易区进驻阿联酋市场，充分利用自由贸易区的优惠经营政策和设施，降低运营风险。

根据阿联酋政府相关规定，绝大部分自由贸易区内的企业可以享受100%外资拥有，50年免除所得税、期满后延长15年免税期、无个人所得税、进口完全免税、资金和利润允许100%遣返。自由贸易区内的土地采取出租但不出售的政策，出租的土地可由企业自主建厂房或仓库。

以迪拜国际金融中心为例，迪拜国际金融中心是继伦敦、纽约、新加坡、香港和法兰克福后全球第六个新兴顶级金融中心。迪拜国际金融中心正在计划未来5年内吸引更多企业，使区内企业数量翻倍。这利于有志于开拓迪拜市场的中国企业家们，建议大家要利用好自由贸易区带来的优势，进一步推动企业的发展。

【抓住迪拜2020年世博会机遇】

2013年11月28日，迪拜成功申办2020年世博会，显然，迪拜要迎来一次新的发展机遇。为了更好地吸引和利用投资，迪拜酋长穆罕默德签署法令，在迪拜经济局内成立投资发展处，开启又一个十年发展规划。如今的迪拜硬件设施已经有了全球最奢华的七星级帆船酒店、世界上最大的人工岛棕榈岛、世界最大的室内滑雪场、世界最高的建筑哈里发塔等，在这次的新机遇面前，迪拜开始着重筹建自己的“软实力”，比如，为金融公司创造更好的服务。在2013年新进迪拜的1039家公司里面，55家是金融服务公司，包括中东不列颠银行、卡耐基资产管理公司等，现在迪拜已经吸引了来自131个国家的15600家公司，且这一数量还在增加，其中来自欧洲的企业居多，占34%，中东地区占29%，北美地区约占15%，亚洲地区占为12%，其他地区为10%。

【以培养客户为主】

注意勿操之过急，以培养客户为主。中东这边的客户是慢慢培养出来的，他们通常第一次接触时下单量不会很大，但随着时间和信任度的增加，他们很有可能成为你的大客户。

他们一开始会选择不同的产品每种先买一些试销，哪一种产品的销售情况好再大量购买。他们比较忌讳供应商借故提高产品的价格，或者以次充好。如果有类似的情况，他们将选择终止合作。

【避开恶性价格战】

注意避开恶性价格战，力保产品质量。阿联酋市场上中国产品间的低价竞争是一个严峻的问题，中国商人十分容易跟风，一家降价往往带来整个行业产品的竞相降价，如此一来整个行业价格一路下滑，企业利益受到严重损害。

其实，在阿联酋市场经商成功与否在很大程度上不是取决于价格的高低问题，而是供货方对产品具有敏感度和不断创新开拓的精神，即品种变化快、供货及时，这也是现货市场的主要特点之一。

目前中国对阿联酋出口构成主要还是以劳动密集型产品为主，中低档价格定位也的确比较符合阿联酋周边很多国家和地区的购买口味。但中国企业必须十分清楚，要想在中东市场立足，单靠价格低廉是不行的，还要在质量上下功夫，要有创新意识，走差异化道路，真正把价廉物美的美好印象植入当地消费者心中。阿联酋广东商会的电子商务战略合作伙伴翼展商场（EWING）就是把产品的质量作为工作重心，根据中东地区采购商的要求提供国内优质供应商及高品质产品，受到阿联酋采购商的肯定。

【注意销售渠道建设】

注意销售渠道建设，打响中国自有品牌。与欧美稳固的知名品牌相比，中国自有品牌在阿联酋的知名度不高，对于国内产品质量和信誉过硬的企业而言，应当注意销售渠道建设，选择阿联酋当地有实力的经销商或分销商，塑造品牌形象，完善售后，增强品牌在阿联酋的影响力和地位，进而扩大出口。

本章要点

阿联酋服务贸易的类型比较单一，以旅游服务和运输服务为主。

阿联酋主要出口商品有石油及炼制品、天然气、宝石、贵金属、贱金属、矿产品、石化产品。主要进口商品有机械、电机、电子设备、汽车与飞机等交通工具、宝石、贵金属、贱金属、纺织品、化学制品等。

2014 年阿吸引外资 130 亿美元，同比增长 25%，外国直接投资对阿联酋 GDP 贡献率为 5%。

近年来，中阿双边贸易发展迅速，阿联酋是中国在阿拉伯世界最大的出口市场和第二大贸易伙伴，阿联酋在中国全球贸易伙伴排名中位列第 24 位。

2014 年当年，中国对阿联酋直接投资流量 7.05 亿美元。截至 2014 年末，中国对阿联酋直接投资存量 23.33 亿美元。目前，中国对阿联酋投资主要领域为能源、钢铁、建材、建筑机械、五金、化工等。

截至 2015 年底，有超过 4200 家中国企业在迪拜设立分公司。

2012 年 1 月 17 日，中阿签署双边货币互换协议，规模为 350 亿元人民币 /200 亿迪拉姆，有效期 3 年。2015 年 12 月 14 日，中国人民银行与阿联酋中央银行续签了双边本币互换协议，互换规模维持 350 亿元人民币 /200 亿迪拉姆不变，有效期为 3 年，经双方同意可以展期。

鉴于2020年世博会将在迪拜举办，这将有力促进迪拜的城市建设和多元化发展。迪拜世博会基础设施和城市建设所需的公共和私营总投入约合183亿美元。

中东客商的特点主要是：1. 热衷于现货交易；2. 多方询价，广为比较；3. 要求提供样品；4. 要求报价迅速。

阿联酋7个酋长国均拥有自己的自由贸易区，目前阿联酋的自由贸易区数量已超过17个，企业可以选择通过自由贸易区进驻阿联酋市场，充分利用自由贸易区的优惠经营政策和设施，降低运营风险。

AE

UNITED
ARAB
EMIRATES

第二章

阿联酋投资环境分析

02

是他乡，也是吾乡

“年深外境犹吾境，日久他乡即故乡”，对于有志于从事对外经济贸易的人来说，随时随地布置出家的感觉，绝对是一项受益终生的本领。在笔者有限的阅历里，曾见过在尼罗河畔开荒种菜、鸡鸭成群的营地，漫步其中，仿佛回到了小时候玩耍的田间地头，浑然忘了自己身处万里之外，一墙之隔便是狂野非洲。笔者同样见过马来西亚的公路施工现场，午休的时候可以去逛旁边的购物中心，几乎所有人都会讲几句普通话，但还是有人因为无法适应环境“逃跑”回国，连工作都不要了。在境外建立、运营一个企业，首先要面临的挑战，就是适应环境。

自然环境和社会环境同样重要。从自然环境来看，适应环境、享受环境的程度同时影响着一个人所能承受的极限和底线，一方面，至少不能令人难以忍受，另一方面，如果能有所享受那更是意外之喜。可以想象，在南美洲的安第斯山脉下，作为居民的生活可能非常美好，但奔波劳累的工作则很可能令人备感疲惫。笔者的一位朋友常驻巴西，每天开车都面临大量的上下坡路段，恶劣的路况又常常造成堵车，很容易使工作变成恼人的负担。

更重要的是社会环境，如果说自然环境是恒定不变的，是可以使用或者局部改变的，那么对于社会环境则只有主动融入、被动适应一途。政治、法律、民俗、文化，对于一些无法适应的人来说简直是灾难，常见的教训是，国内相对宽松的“送礼”文化，在绝大多数国家会变成赤裸裸的行贿，尽管你送出去的可能只是一包价值15美元的茶叶而已。社会环境长期改变着人们的思维方式和运行模式，有个成语叫“如鱼得水”，只有把环境当作水，自己才能游得欢。

当然，环境也是资源和机遇。国家正在大力推行的产能合作就是号召企业根据所在国家环境情况，开展相应的产能合作项目，进一步融入当地市场。在坦桑尼亚，饮用水质量不高，绝大多数国企喝的是国内运过来的瓶装矿泉水，有一家企业自己建了水厂，以“中国标准”生产纯净水，光是接待中国企业的客户就应接不暇，目前已经顺利推广到一些当地的政府、企业和家庭当中。笔者认为，对于一个长期生活在中国环境里的人来说，在国外进行投资贸易，出发点永远不可能离开自己所处环境带来的局限。用一句流行语来说，这是软肋，也是铠甲。

一提到阿联酋，我们往往会想到沙漠，想到石油，想到奢侈品，想到豪车和摩天大楼，想到富可敌国的酋长们，但相应地，沙漠里是充沛的太阳能，石油是能源行业的霸主，豪车和摩天大楼意味着更多的服务业需求，富可敌国的酋长们，正在竭力使这个国家保持最佳状态。退一万步说，即使利用不了环境优势，享受不上资源禀赋所带来的差异和利润，如果能了解并适应这个国家的环境，至少在绝大多数时间里，身心是舒适且自在的。

一

阿联酋的自然地理环境

【地理位置】

阿联酋位于阿拉伯半岛东南端，东与阿曼毗邻，西北与卡塔尔接壤，南部和西南与沙特阿拉伯王国交界，北临波斯湾（又名阿拉伯湾），与伊朗隔海相望，是扼守波斯湾进入印度洋的海上交通要冲。国土面积约为8.36万平方公里（包括沿海岛屿，阿布扎比占总面积的87%）。其海岸线构成波斯湾的南部和东南海岸以及阿曼湾的部分西海岸。在建造“迪拜棕榈岛”等其他填海工程项目之前，阿联酋的海岸线长约1318公里，填海垦地项目使这个数字不断增长。

阿联酋全境呈新月形，境内基本没有淡水河或湖泊，沿海是地势较低的平原，半岛的东北部分属山地，横贯其间的晗杰尔山脉最高峰海拔2438米。此外，阿联酋绝大部分地区是海拔200米以上的沙漠和洼地。沙漠占阿联酋总面积的65%，其中有一些绿洲，以支因地区的布赖米绿洲（BULAIMIOASIS）面积最大，同时该绿洲也是阿联酋主要农业区。阿联酋位于东四时区，当地时间比北京时间晚4小时。

【气候条件】

阿联酋属热带沙漠气候，全年分为两季：5月至10月为热季（夏季），天气炎热潮湿，气温超过40摄氏度，沿海地区白天气温最高达45摄氏度以上，湿度保持在90%左右；11月至次年4月为凉季（冬季），气候温和晴朗，有时降雨，气温一般为15—35摄氏度。年平均降雨量约100毫米，多集中于1—2月。近年来，雨量有渐增的趋势。东部山区则较凉爽和干燥。

【历史】

阿拉伯联合酋长国是由阿布扎比、迪拜、沙迦、阿治曼、乌姆盖万、哈伊马角和富查伊拉7个酋长国组成的联邦国家。

远古时代，阿联酋所属诸酋长国是阿拉伯半岛的一部分，这一地区居民有较高的造船技术和航海技能，海上贸易发达。20世纪上半叶的阿联酋由沙丘、稀少绿洲和简陋村庄组成，在此生活的多为游牧民族、渔民和水手。20世纪60年代，随着石油的发现和开采，半游牧社会开始了向现代化社会转变。1971年，已故的开国总统谢赫扎耶德·本·苏尔坦·阿勒纳哈扬成为阿布扎比酋长国的酋长，英国从海湾地区撤军之后，谢赫扎耶德召集其他6个酋长国酋长，提出成立联邦政府，阿拉伯联合酋长国由此诞生。1996 年 4 月 10 日阿联酋加入世界贸易组织（WTO），2007 年起开始全面履行义务。阿联酋同时是海湾合作委员会（GCC）成员国以及大阿拉伯自由贸易区（GAFTA）成员国。

【行政区划】

阿联酋由 7 个酋长国组成，按政治影响、经济实力、人口比例排列依次为：阿布扎比、迪拜、沙迦、哈伊马角、阿治曼、富查伊拉、乌姆盖万。其中阿布扎比酋长国包括阿布扎比市、阿莱茵行政区、利瓦行政区。

【能源】

最重要的资源是石油和天然气，其中超过 95% 位于阿布扎比。目前已探明的石油储量为 978 亿桶，位居世界第七。已探明的天然气储藏量为 6.09 万亿立方米，位居世界第七。其他矿产资源还有硫黄、镜铁矿、石灰岩等。

【植物】

阿联酋的椰枣树超过 4000 万棵，每年产椰枣上百万吨，种类有 120 多种，有的早熟，有的含糖量高，还有的含水分较多。较好的品种有艾布 • 欧如格、安瓦努、乌姆 • 马阿尼、赫拉斯、鲁鲁等。

【水产资源】

阿联酋的海域内水产资源丰富，沿海自产珊瑚，盛产珍珠，还有着丰富的渔业资源，已发现鱼类和海洋生物3000多种。

【人口分布】

阿联酋人口826.4万人，其中本国人口94.8万，占人口总数11.5%。外籍人口731.6万，占88.5%。[①]

① 资料来源：阿联酋国家统计中心《2006—2010人口统计》。

二

阿联酋的政治环境

【政治制度】

联邦最高委员会由7个酋长国的酋长组成，是最高权力机构。该委员会讨论决定国内外重大政策问题，制定国家政策，审核联邦预算，批准法律与条约。总统和副总统从最高委员会成员中选举产生，任期5年。总统兼任武装部队总司令。除外交和国防相对统一外，各酋长国拥有相当的独立性和自主权。联邦经费基本上由阿布扎比和迪拜两个酋长国承担。2014年阿联酋政局稳定，对内继续积极推动经济发展和国家现代化建设；对外交往活跃，注重加强与海湾地区国家及大国关系，在地区和国际事务中发挥独特作用。

【联邦最高委员会】

联邦最高委员会是国家最高权力机构，由7个酋长国的酋长组成。每个酋长在参加最高委员会会议时，只有一票表决权。委员会负责讨论制定联邦内外重大事务的总政策，确定重大人事变动，选举总统与副总统（总统与副总统从最高委员会成员中选举产生），审核联邦预算，批准法律、条约和法官任命等。委员会关于实质问题的决议必须经5名成员以上通过才能生效，这些成员中必须包括阿布扎比和迪拜代表。联邦总统、副总统的任期为5年，联邦总统担任最高委员会主席。联邦内阁是国家的行政机关，由总理、副总理及各部部长组成。2004年11月3日哈里发本•扎耶德•阿勒纳哈扬被联邦最高委员会推选为总统。穆罕默德•本•拉希德•阿勒马克图姆为副总统兼总理、迪拜酋长。

【宪法】

1971年7月18日，联邦最高委员会通过临时宪法，同年12月3日宣布临时宪法生效，沿用了25年。1996年12月联邦最高委员会通过决议，临时宪法变成永久宪法，并确定阿布扎比为阿联酋永久首都。

【议会】

联邦国民议会成立于1972年2月13日，系联邦的咨询机构，每届任期4年（2008年12月起延长至4年，此前为2年）。议会职权是审议联邦政府提出的法律、法规草案，并有权提出修改意见或予以否决，如年度预算、内外方针政策、经济发展规划等；有权对联邦政府缔结的条约和协定提出质询。2006年8月，阿联酋颁布新的议会选举法，规定联邦国民议会成员为40名，其中20名由各酋长国酋长直接任命，20名由各酋长国选举产生。2011年9月举行第15届国民议会选举，11月选举穆罕默德•艾哈迈德•莫尔担任议长。

【内阁】

内阁由总理、副总理及部长组成。总理负责主持召开每周一次的内阁例会，监督和协调各部的工作。副总理在总理因故缺席时行使总理的权力。根据宪法规定，内阁会议决议应以多数表决通过。如表决时票数相等，总理行使决定性投票权。内阁负责起草法律草案。主要经济部门有财政部、经济部、能源部、劳工部、环境和水资源部、各酋长国市政厅、各酋长国工商会等。

【对外政策】

奉行中立、睦邻友好和不结盟的外交政策。主张通过和平协商解决争端，维护世界和平。在加强同美国等西方国家关系的同时，重视发展与阿拉伯、伊斯兰、不结盟运动等第三世界国家的关系。近年来，阿联酋积极推行“东向”政策，发展与中国、日本等亚洲国家的关系。主张加强与海湾合作委员会国家的团结与合作。阿联酋至今已同183个国家建立了外交关系。

【阿联酋同美国的关系】

两国关系较密切。双方军政要员经常互访，并就两国关系、中东与海湾地区局势等问题进行磋商。2009 年 1 月，阿联酋同美国签订了和平使用核能协议。

【阿联酋同英国的关系】

历史上，英国曾是阿联酋的宗主国。阿联酋独立后，仍与英国保持着传统的关系。英国极为重视其在海湾地区的政治和经济利益，经常派军政要员访阿，参加历届迪拜国际航空展及阿布扎比防务展。

【阿联酋同法国的关系】

两国关系特别是军事合作关系较密切，法国参加历届迪拜国际航空展和阿布扎比防务展，是阿联酋主要的武器供应国。2008 年 1 月，阿联酋同法国签订和平使用核能备忘录。

【阿联酋同德国的关系】

近年来阿联酋与德国关系发展迅速，两国均视对方为地区的重要合作伙伴，两国高层往来增多。

【阿联酋同俄罗斯的关系】

1985 年 11 月，阿联酋与苏联建交。苏联解体后，阿联酋继续保持与俄罗斯的友好合作关系，曾向俄罗斯提供紧急财政援助，帮助俄罗斯新政府渡过经济难关。阿联酋重视俄罗斯大国地位，希望俄罗斯保持稳定，并在国际事务中继续发挥应有的作用。

【阿联酋同伊朗的关系】

阿联酋同伊朗关系正常，但有“三岛”领土问题争议，注重发展与伊朗周边国家的关系。

【阿联酋同中国的关系】

阿联酋于 1984 年与中国建交，两国关系友好，高层互访频繁。特别是近年来，中阿关系呈现全面、快速发展势头。两国高层互访和各级别往来不断，在国际和地区事务中相互支持与配合。

三

阿联酋的社会文化环境

【民族】

全国总人口中阿拉伯人占87%，其他民族占13%，外籍人口主要来自印度、巴基斯坦、埃及、巴勒斯坦、黎巴嫩等国。外籍人口占全国总人口的88.5%。在阿联酋的华人总数超过20万人。

【语言】

官方语言为阿拉伯语，通用英语，英语在商务活动领域普遍使用。另外还有乌尔都语和波斯语，前者是印度、巴基斯坦人使用，后者是伊朗人使用。

【宗教】

伊斯兰教是国教。居民大多信奉伊斯兰教，其中多数（80%）

属逊尼派，什叶派在迪拜占少数。

【习俗】

阿联酋是阿拉伯国家之一，国人信奉伊斯兰教，有着独特的生活方式、文化风俗和文化禁忌。

阿联酋居民的主要习俗有：

1. 当地人传统服饰特点是男人穿白袍，头戴白头巾，妇女穿黑袍，披黑头巾，有的面蒙黑纱。

2. 在公共场合，男女的活动场所是分开的。

3. 穆斯林每天必须做5次礼拜，即日出前的晨礼、中午的晌礼、下午的晴礼、日落后的昏礼、晚间的宵礼。每周星期五午后要做主麻拜，也称“聚礼”。

4. 一般阿拉伯家庭仍席地用餐，且用右手取食。

5. 阿联酋人性格粗犷奔放，热情好客，习惯以茶和咖啡待客，格外喜爱甜点。客人落座后，端上来的除了茶、咖啡，还会有甜点、巧克力或椰枣。

【禁忌】

根据穆斯林的宗教信仰，阿联酋居民的主要禁忌有：

1. 穆斯林信仰真主，任何人不得轻视真主的命令。

2. 穆斯林认为天下穆斯林皆为兄弟姊妹，为一家人；禁放高利贷、赌博、背盟爽约、抢占他人财产、参与非穆斯林的宗教活动。

3. 禁奸淫、败坏他人名节、挑拨离间、搬弄是非等；任何人必须遵循古兰经中教义，并用它来指导日常活动。

4. 禁食猪、马、驴、狗、蛇、火鸡、自死肉、浮水鱼以及一切动物的血；禁吸鸦片，禁饮酒。

5. 斋月期间，禁止在公共场合、户外或大街上饮食，任何人不得违反，否则会遭到警察的警告，严重者将遭拘留。

6. 不可以在住宅阳台上晾晒内衣，不得穿过于暴露的服装在大街上行走，男士不得进入妇女活动的场所。

7. 不得穿睡衣、印有图像或不当文字的衣服进入清真寺。

【教育】

阿联酋重视发展教育事业和培养本国的科技人才，为阿联酋国民提供从幼儿园到大学各阶段的免费教育。阿联酋国民不但可免费就读国内公立高等院校及各种私立学院，而且在海外高等学府深造也由政府出资。在中学最后一年注册的所有学生中，有 95% 的女性和 80% 的男性申请进入阿联酋高等院校或赴海外留学。

私立教育在阿联酋教育中也占很大一部分。阿布扎比教育委员会（ADEC）在阿布扎比率先推行教育私有化。各种私立学院数量激增，其中许多院校通过国际鉴定，成为公立教育的必要补充。

【医疗卫生】

设施齐全的医院、专业诊所和各大护理中心形成完善的阿联酋医疗卫生体系。曾经盛行的痢疾、麻疹和小儿麻痹症等众多传染病现已根除，产前和产后护理也与世界各大发达国家保持同步，孕产妇及婴儿死亡率已大幅下降。由于人口增长迅猛和保健成本不断上涨，政府拨款的保健服务受到很大压力。为此，政府推出医疗保险方案鼓励私营领域的投资。阿联酋对本国公民实行免费医疗制度。

据世界卫生组织统计，2012 年阿联酋全国医疗卫生总支出占 GDP 的 3.0%，按照购买力平价计算，人均医疗健康支出 1718 美元。2007—2013 年间，平均每万人拥有医生 25 人、护理和助产人员 32 人、牙医 4 人、药师 6 人。2013 年人均寿命为 77 岁。

【工会及非政府组织】

在阿联酋，工会组织是被禁止的。主要的半官方机构包括：

阿联酋战略研究中心

阿联酋战略研究中心（Emirates Centre for Strategic Studies and Research）成立于 1994 年 3 月 14 日，是官方的学术研究机构，隶属于外交部。中心的主要活动包括出版与研究阿联酋和海湾政治、经济、社会问题相关的书籍、专著、论文和译著以及组织专题讨论会、座谈会和系列讲座等。

工商会

联邦工商会由 7 个酋长国的工商会联合组成，主要协调各酋长国商会之间的关系，组织参加国家间商会活动，推动阿联酋企业家对外交往与合作。总部设在阿布扎比。

各酋长国还设有隶属本酋长国的工商会，职能主要有贯彻执行国家有关工商业政策；管理所有私人公司和企业，负责所有的公司和企业的登记注册，领取营业执照和工商会会员证书等事宜；为会员提供有关经济贸易或生产产品等方面的信息和咨询服务。

红新月会机构

该机构的宗旨是加强与世界其他国家红新月会、红十字会及国际红十字会组织的合作，向受灾的阿联酋国内和世界其他国家提供人道主义援助。

【报刊】

阿联酋主要报刊如下：

《联合报》，阿布扎比半官方日报，网址：www.alittihad.ae

《宣言报》（阿拉伯文），迪拜半官方日报，网址：www.albayan.ae

《海湾报》（阿拉伯文），沙迦私人出版，网址：www.alkhalej.ae

《今日阿联酋》（阿拉伯文），迪拜发行的阿拉伯文报纸

《阿拉伯新闻》（阿拉伯文），网址：www.akhbaralarab.co.ae

《海湾时报》（*Khaleej Times* 英文），迪拜私人出版，网址：www.khaleejtimes.com

《海湾新闻》（*Gulf News* 英文），网址：www.gulf news.com

《今日海湾》（*The Gulf Today* 英文），网址：www.godubai.com

《国民报》（*The National* 英文），网址：www.thenational.ae

【通讯社】

阿联酋通讯社（WAM）是阿联酋的官方通讯社，隶属国家新闻委员会。成立于1976年11月，在阿联酋的各主要城市以及伦敦、巴黎、华盛顿、纽约、莫斯科、东京、开罗、突尼斯、贝鲁特等地派有常驻记者。用阿拉伯文和英文发稿。网址：www.wam.ae

【广播电台】

阿联酋国内共有阿布扎比、迪拜、乌姆盖万、哈伊马角等20多家广播电台。阿布扎比的Emirates MediaInc.和Dubai Media Inc.是阿联酋的主要广播电视公司。全球无数阿拉伯人收听收看EMI节目。EMI通过3个卫星电视频道（Abu Dhabi TV、Abu Dhabi Sports Channel、Emirates Channel）和6个无线电频道（Abu Dhabi Radio、Emirates FM、Holy Qu r'an、Sound of Music、EnglishFM1、FM2）播出节目。

【电视台】

阿联酋国内有阿布扎比、迪拜、沙迦、乌姆盖万、富查伊拉、哈伊马角、阿治曼和阿拉比亚等40多家电视台。阿拉比亚电视台新闻节目用阿拉伯语连续24小时播送。此外还建有卫星地面接收站，迪拜和阿治曼电视台、迪拜体育频道等还可上网收视。

阿布扎比电视台网址：www.abudhabitv.com

迪拜电视台网址：www.dubaitv.gov.ae

迪拜体育台网址：www.dubaisports.ae

迪拜塞玛电视台网址：www.samadubai.ae

阿治曼电视台网址：www.ajmantv.com

【媒体对华态度】

阿联酋各主流媒体对华报道总体持正面积极论调，且报道内容主要关注于经贸领域。阿联酋媒体对中国经济政策、金融市场、外贸形势等经济领域的报道常常占据经济版块的重要位置。除援引欧美主流媒体报道外，阿本地媒体还时常会邀约知名经济专家撰写专题分析文章，对中国经济形势、政策走向等进行多方面解读。

随着中阿双边经贸交流的持续深入，中国元素已经成为推动阿联酋经济发展的重要组成部分，来自中国的手机、家电、汽车品牌广告频频见诸各大报端版面，北京“迪拜周”“中国游客峰会”“2015 国际龙奖”等各类双边经贸活动也吸引着各大媒体争相报道。每逢中国的传统佳节，媒体还热衷于宣传报道各类为吸引中国游客及华人华侨而推出的促销和节日庆典活动。

【社会治安】

阿联酋社会治安良好，刑事暴力类案件较少。但近年来由于外来人口增多，流动性大，偷盗和抢劫案件也偶有发生。根据联合国毒品和犯罪问题办事处（UNODC）的统计，2013年阿联酋共发生袭击案件311起，每10万人比率为3.3；谋杀案件共58起，每10万人比率为0.6。

2015年上半年，在阿联酋已发生数起针对中国公民的恶性刑事案件。中国驻阿联酋使馆及驻迪拜总领馆对此高度重视，密切跟踪案情进展，要求阿警方尽快破案，缉拿凶犯，依法严惩，并采取有效措施切实保护中国公民人身和财产安全。中国驻阿联酋使馆及驻迪拜总领馆提醒在阿中国公民和游客高度重视人身和财产安全，切实提高风险防范意识，采取积极有效措施，加强自我安全保护；与家人、朋友保持密切联系，勿独自前往偏僻或人员稀疏地区，勿随身携带大额现金或大量贵重物品；与当地民众友好相处，尊重当地民俗和宗教戒律。

如遇紧急情况，请及时报警并与中国驻阿联酋使领馆联系。

【工作时间】

周五、周六为当地法定的周末休息日，政府部门和官方机构都不上班，很多私营公司也实行两日周末制。周五是伊斯兰教的聚礼日。

【节假日】

2015年，阿联酋主要节假日如下所示：

元旦，1月1日

先知穆罕默德诞辰，1 月 3 日

登霄节，5 月 16 日

开斋节，7 月 17 日

阿拉法特日，9 月 22 日

宰牲节，9 月 23 日

伊历新年，10 月 15 日

阿联酋国庆，12 月 2—3 日

注：伊斯兰宗教节日视月相调整。

本章要点

阿联酋位于阿拉伯半岛东南端，东与阿曼毗邻，西北与卡塔尔接壤，南部和西南与沙特阿拉伯王国交界，北临波斯湾（又名阿拉伯湾），与伊朗隔海相望，是扼守波斯湾进入印度洋的海上交通要冲。

阿联酋属热带沙漠气候，全年分为两季：5 月至 10 月为热季（夏季），天气炎热潮湿；11 月至次年 4 月为凉季（冬季），气候温和晴朗，有时降雨。

阿拉伯联合酋长国由阿布扎比、迪拜、沙迦、阿治曼、乌姆盖万、哈伊马角和富查伊拉 7 个酋长国组成。

阿联酋最重要的资源是石油和天然气，其中超过 95% 位于阿布扎比。目前已探明的石油储量为 978 亿桶，位居世界第七。已探明的天然气储藏量为 6.09 万亿立方米，位居世界第七。

阿联酋于 1984 年与中国建交，两国关系友好，高层互访频繁。特别是近年来，中阿关系呈现全面、快速发展势头。两国高层互访和各级别往来不断，在国际和地区事务中相互支持与配合。

阿联酋各主流媒体对华报道总体持正面积极论调，且报道内容主要关注于经贸领域。

阿联酋社会治安良好，刑事暴力类案件较少。但近年来由于外来人口增多，流动性大，偷盗和抢劫案件也偶有发生。

AE UNITED ARAB EMIRATES

第三章 投资环境分析

03

走出去？引进来？

2013年9月和10月，国家主席习近平在出访中亚和东南亚国家期间，先后提出共建“丝绸之路经济带”和“21世纪海上丝绸之路”（以下简称“一带一路”）的重大倡议，得到国际社会高度关注。

改革开放初期中国主要以引进外资、国外先进的技术和管理模式为主，如今中国已经具备了要素输出的能力。据统计，2014年末，中国对外投资已经突破了千亿美元，已经成为资本净输出国。而目前世界上仍然有许多处于发展中的国家面临中国改革开放初期同样的难题，通过“一带一路”建设，中国能帮助这些国家和地区进行道路、桥梁、港口等基础设施建设，帮助他们发展一些产业比如纺织服装、家电，甚至汽车制造、钢铁、电力等，提高他们经济发展的水平和生产能力。

“一带一路”战略构想顺应了中国产业技术升级的需要和国际产业转移的需要，同时中国的技术及资本输出对其他较为落后的发展中国家起到了推波助澜的作用，是促进共同发展、实现共同繁荣的合作共赢之路，对中国及世界的发展都有重要意义。

作为“一带一路”的沿线国家，阿联酋所在的阿拉伯半岛位于“二洋三洲五海”交汇处，自古就是中国通往非洲和欧洲海上丝绸之路的必经之地，具有无可比拟的区位优势。从全球经济的宏观角度来看，在国际金融危机和新兴经济体崛起的大背景下，多极主导的未来世界贸易新格局正在形成，而既拥有丰富石油资源又占据连接东西方战略要冲的阿联酋无疑是这一新格局中的重要节点，也将成为“一带一路”战略上的重要一环。在贸易方面，阿联酋是中国在中东地区的第二大贸易伙伴，而中国则是阿联酋全球第二大非石油贸易伙伴。

英国“Economist Intelligence Unit（经济学人智库）”出具了中国海外投资指数的研究报告，结合中西亚地区的经济状况、偿债能力、社会政治风险、大国博弈风险以及对华关系等，对“一带一路”之中西亚地区 16 个重要合作国家的经济风险、政治风险、社会风险、大国博弈风险和对华关系分别进行量化，结果显示：阿联酋凭借丰富的能源、较低的社会政治风险、较好的投资机遇以及与中国密切的经贸合作，成为中西亚地区风险最低的国家。

在当前国际油价低迷的背景下，阿联酋力图加快经济多元化，摆脱对石油的过度依赖，并搭上"一带一路"快车，与中国加强投资合作，实现国内基础设施建设的升级改造。阿联酋活跃的经济、良好的投资环境及对"一带一路"战略给予积极配合决定了阿联酋在"一带一路"中的重要角色。

"一带一路"战略的实施不仅是机遇而且充满了挑战，需要我们有一定的风险意识，并未雨绸缪。五六年前，中国"走出去"模式基本上围绕着大宗商品，现在开始在一些实行竞标机制的国家承建基础设施项目。但由于沿"带"沿"路"的一些国家政局并不十分稳定，存在党派之争，党派的更迭将不可避免地影响对外政策，这必将给中国在这些国家的投资带来巨大风险。因此，在具体实施"一带一路"战略时必须对这些国家的政治格局、法律环境等进行仔细研究，在投资之前做好风险应对的预案，将投资的风险降到最低。

一

阿联酋的经济环境

【投资吸引力】

阿联酋自然资源丰富，政局长期稳定，地理位置优越，基础设施发达，社会治安良好，商业环境宽松，经济开放度高，是海湾和中东地区最具投资吸引力的国家之一。其投资吸引力表现为：一是低税率，一般货品仅收5%关税；二是港口物流便利，配套设施完善；三是一站式服务，网络化管理，服务快捷高效。尤其是国际金融危机和地区动荡爆发以来，阿联酋已经成为地区资金流、物流的避风港，其地区性贸易、金融、物流枢纽的地位进一步加强。据阿拉伯投资和出口信贷担保公司数据显示，2003—2013年间，阿联酋吸引外资项目3437个，占阿拉伯国家吸引外资项目总量的35.6%，阿联酋境内设立外资公司3246家，占阿拉伯国家成立外资公司总数的36%。

世界经济论坛《2014—2015 年全球竞争力报告》显示，阿联酋在全球最具竞争力的 144 个国家和地区中，排第 12 位。世界经济论坛《2014 年全球促进贸易报告》显示，阿联酋促进贸易指数（ETI）排在中东北非地区首位，全球排名第 16 位，其中的商业环境指标排在全球第 13 位。世界银行《2015 全球营商便利度》显示，阿联酋在全球 189 个经济体中排名第 22 位。

阿联酋也是中国在西亚北非地区的重要经贸伙伴。阿联酋是中国在西亚北非地区第一大出口市场和转口中心、第二大贸易伙伴。多年以来，中国与阿联酋发挥各自优势，不断拓展和深化互利合作，扩大双边贸易，鼓励相互投资，推动金融合作，开拓承包市场，双边经贸关系持续稳定发展，成果丰硕，富有成效。中国企业在阿联酋的业务正在从商品、工程承包向金融、物流、新能源、旅游等领域不断拓展，合作方式已经由单纯的贸易和承包向投资、合资等转变。

【经济增长率】

2014 年，阿联酋经济继续保持复苏势头，按当年价格计算，GDP 为 4167.3 亿美元，增长率为 4.3%。

【GDP 构成】

2014 年，阿联酋农业、工业和服务业占 GDP 的比重分别为 0.6%、58.9% 和 40.5%。据阿布扎比商业银行测算，2014 年非石油部门 GDP 增长 5.6%。非石油部门占 GDP 的比重约为 70%。石油部门受到油价下跌影响，占 GDP 比重约为 30%。据 IMF 数据，2014

年阿联酋投资占 GDP 的 22.3%，货物出口同比增长 5.5%，进口增长 14.6%，账户盈余 463 亿美元。

【人均 GDP 构成】

据 IMF 估算，2014 年阿联酋人均 GDP 为 4.48 万美元，按购买力平价计算为 6.45 万美元，排名世界第七位。

【财政收入】

2014 年，阿联酋财政收入为 1389 亿美元，支出 951.4 亿美元，盈余 438.1 亿美元。2014–2016 年阿联酋联邦预算总额约 380 亿美元，比此前 3 年的预算增长 15%，其中 2014 年预算为 126 亿美元，主要用于社会发展、教育、医疗等。联邦预算仅占预算总额的 10%，阿布扎比和迪拜预算占比超过 80%。

【国内债务】

截至 2014 年底，阿联酋公共债务余额为 1840.5 亿美元，占 GDP 的 44.2%。

【外债余额】

截至 2014 年 12 月 31 日，阿联酋外债余额约为 1733 亿美元。

【信用评级】

截至 2007 年 7 月 10 日，国际评级机构穆迪对阿联酋主权信用评级为 Aa2，展望为稳定。2014 年 2 月，大公国际维持对阿联酋的本、外币主权信用等级分别为A和BBB＋，评级展望为稳定。标普对阿布扎比本、外币最新信用评级均为AA。

【外汇和黄金储备】

截至2014年12月31日，阿联酋的外汇和黄金储备为747亿美元。

【通货膨胀率】

2014年阿联酋通货膨胀率为2.2%。

【失业率】

2014年阿联酋总体失业率约为14%。

【石油产业】

阿联酋的石油资源丰富，已探明的石油储量为978亿桶（约133亿吨），居世界第七位。石油天然气生产在阿联酋经济中占据十分重要的地位。阿联酋石油生产主要在阿布扎比酋长国。阿布扎比石油业正处在成熟期，按目前的产量和储量计算，还可生产120多年。迪拜酋长国的石油业处于枯竭期，储量有限，按目前的产量和储量计算，最多还能开采20年。其他酋长国处于开发、勘察找油阶段。阿联酋目前石油产量约为280万桶/天，计划到2017年日产量增至350万桶。2011-2015年间，阿联酋能源投资总额将达到140亿美元。

【天然气产业】

阿联酋已探明的天然气储量约6.09万亿立方米，排在俄罗斯、伊朗、卡塔尔、土库曼斯坦、沙特和美国之后，居世界第七位。其中大部分位于阿布扎比。阿联酋虽拥有巨量天然气，但由于国内天然气需求量大，大部分用于回灌采油，同时多为酸性气田，开采难度高，成本大，目前阿联酋仍采取天然气进口政策，通过“海豚计划”从卡塔尔进口天然气。

阿联酋的石油和天然气生产主要依靠阿布扎比国家石油公司（ADNOC）下属的ADCO、ADMA、ZADCO等公司。阿布扎比的产油量占阿联酋产油总量的96%以上。阿布扎比将于未来五年内投入250亿美元用于支持海上油田增产。阿布扎比目前的陆上石油和海上石油的总产量约为300万桶/天，计划在2017–2018年，总产量将提高到350万桶/天。其中，阿布扎比两大海上油气公司ADMA和ZADCO（均为阿布扎比国家石油公司控股）目前的原油产量分别为65万桶/天和60万桶/天，目前计划是在2017–2018年将上述两大公司的总产量提高到160万桶/天。

为满足日益增长的天然气需求，ADNOC会将天然气项目开发作为今后的重点。目前，ADNOC已经与之前就有合作关系的项目作业公司联合开展一些前期评估工作，同时也在通过技术评估协议的方式与一些潜在的合作方推进新天然气田的开发计划。

ADNOC表示，目前阿布扎比海上油田的钻机设备已较之前增加了50%，而ADNOC还计划进一步提高钻机设备的数量，在未来五年内每年将有25亿美元用于海上油田特别是天然气田钻井设备投资，而每年钻探油井的数量也将保持在160口左右。

Adma—Opco由ADNOC持股60%，根据特许经营权合同，英国国家石油公司（BP）、法国道达尔石油公司（TOTAL）和日本石油发展公司（JODCO）享有其余40%收益权。该合同将于2018年3月到期，ADNOC目前正在开展更新合同的计划工作，包括项目评估、招投标文件的准备等，正式招标将在获得阿最高石油委员会批准后启动。

【非石油产业】

目前，阿联酋正着力推动石化冶金、加工制造、新能源、金融、旅游等产业的发展，非石油产业在经济增长中的比重不断提高，其地区性贸易、金融、物流枢纽的地位进一步加强。2014年阿联酋非石油产业占GDP比重近70%。

【炼铝业】

炼铝业是阿联酋主要非石油产业之一。2013年6月，阿联酋两大铝业巨头迪拜铝业（DUBAL）和酋长国铝业（EMAL）宣布将合并成立酋长国全球铝业公司（Emirates Global Aluminium），合并后的公司总资产为550亿迪拉姆（约合150亿美元），成为全球第五大铝业公司。

【房地产和建筑业】

房地产业在阿联酋经济中扮演着重要角色。2012 年以来，随着相关经济行业的复苏，阿联酋房地产和建筑业进入复苏轨道。2013 年房地产和建筑业各占阿联酋 GDP 比重约 10%。仲量联行（JLL）发布报告显示，二季度迪拜房地产市场仍然面临下行压力，迪拜住房租金保持稳定，住房售价同比下降 8%。根据此前公布的数据，一季度迪拜土地局登记的住房交易量同比下降 69%。预计 2015 年下半年住房交易量和售价将继续下降。二季度有 1200 套住房竣工，预计 2015 年底前还将有 1.6 万套住房进入市场，另有一些项目在目前市场交易量和价格下行的形势下推迟至 2016 年或之后才进入市场。商业地产二季度价格水平保持稳定，同期没有新项目竣工进入市场，年租金和售价增长水平放缓，与俄罗斯游客数量下降有直接关系。酒店方面，二季度面临下行压力，新增房间数量增至 6.5 万间，5 月房间平均价格为 249 美元，较年初下降 6%。预计中短期内房间平均价格将继续下降。

【水泥业】

水泥工业是阿联酋最古老的生产行业。阿联酋全国共有 20 家水泥厂，阿联酋第一家水泥生产商联邦水泥公司（Union Cement Company）成立于 1972 年，自 1975 年引入第一条生产线之后，该公司迅速发展，成为阿联酋最大的水泥生产商。凭借其靠近萨克尔港（Saqr Port）的优良地理位置，产品已销往中东和东非。阿联酋水泥产业目前面临产能过剩、能源成本上升、进口产品竞争激烈、环保标准执行不一等问题。

1. 产能过剩。目前全国 20 家水泥厂总产量为 4200 万吨 / 年，国内需求仅为 1200 万吨 / 年，过剩产能达 3000 万吨 / 年。大部分本地水泥厂只有一条生产线，无法灵活调整工厂产能，暂停生产将导致人力成本上升。在此局面下，本地水泥厂的扩建计划出现推迟甚至停止。

2. 能源成本上升。天然气价格上升导致生产熟料的成本上升，电力价格上升也导致水泥整体成本上升。

3. 进口产品竞争激烈。2014 年阿联酋进口水泥 20.1 万吨，当地水泥生产商认为这些进口产品带来不公平的价格竞争，导致当地水泥产品需求量下滑。

4. 环保标准执行不一。水泥生产商在替代能源的使用以及环保标准执行力度上存在不同，导致生产商的投资力度不一，这种投资力度的差异主要体现在对环保设备的采购规模上。

【航空业】

阿联酋目前有 7 座国际机场。过去十年间，阿联酋民航总局收入一直呈上升趋势，而航班架次始终以较快速度增长。依靠得天独厚的区位优势和灵活的经营策略，阿联酋航空业在国际航空业整体低迷的背景下，保持了良好的发展势头。阿联酋民航总局（GCAA）是依据 1996 年联邦第 4 号法令成立的联邦自治机构，职责是监管与民航有关的一切活动，同时提供领航、登记及颁证服务。据阿联酋民航总局数据，2014年阿联酋各机场接送旅客数量达1.01亿人次，其中迪拜国际机场接送约0.7亿人次，超过伦敦希斯罗机场，成为世界最繁忙机场；阿布扎比机场接送约0.2亿人次。

【金融业】

阿联酋金融体系较为完善。在阿联酋从事金融业务的机构有银行、证券公司、财务投资公司、金融咨询公司、金融中介公司等各类金融机构。目前，迪拜金融中心区内企业有1039家，其中金融企业327家。迪拜已成为位列伦敦、纽约、新加坡、香港、法兰克福之后的全球第六大金融中心。

【制药业】

阿联酋现为海湾六国中第二大药品生产国，仅次于沙特阿拉伯。制药业年产值达2.72亿美元（10亿迪拉姆）以上。阿联酋将在阿布扎比工业城内兴建新的制药厂，以满足日益增长的药品需求。

【塑料工业】

1998年11月，阿联酋ADNOC公司和丹麦Borealis公司合资设立了世界第六大聚烯炬公司（Borouge）。该公司计划在未来五年内将聚烯炬年产量提高至200万吨，中东和非洲地区是Borouge公司的主要销售地区，占其市场份额的35%。

【纺织服装业】

纺织服装业产值占阿联酋国内生产总值的 10%，为第二大出口产业，其中迪拜规模最大，年产值达 24 亿美元。据估计，迪拜目前有 325 家成衣厂、4 家纺织厂，另有 582 家成衣批发商、9000 家零售商及 13000 家成衣服饰店。76% 的成衣外销，主要外销地区为欧洲及美国。

【转口贸易业】

世贸组织（WTO）曾表示，阿联酋迪拜港是继新加坡与香港之后的全球第三大转口中心。2013 年，迪拜出口和转口总额达 1411 亿美元，同比增长 4%。

【主要大型企业简介】

阿联酋著名企业如下：

1. 阿布扎比国家石油公司（ADNOC）

阿布扎比国家石油公司（ADNOC）成立于 1971 年，是属于阿布扎比酋长国政府全资所有的国有石油公司，并受阿布扎比最高石油委员会（SPC）掌控和监管。公司年产值超过 300 亿美元，是世界领先的石油化工企业，其产品链涉及石油、天然气及石油化工的几乎所有领域和产品。1998 年 10 月，公司改组分为 5 个业务部门：勘探及生产部、天然气处理部、化学部、销售及炼油部和行政部，下设 14 家子公司。

公司网址：www.adnoc.com

2. 阿联酋穆巴达拉发展公司（Mubadala）

穆巴达拉发展公司成立于2002年10月，是由阿布扎比酋长国全资所有的投资和开发公司。穆巴达拉发展公司是阿联酋政府的主要投资部门之一，主要投资领域涉及石油、天然气、航空科技、能源工业、教育、基础设施及服务、房产开发、制造业等。现董事会主席由阿布扎比酋长国王储谢赫·穆罕穆德·本·扎耶德·阿勒纳哈扬兼任。穆巴达拉发展公司其他董事大多数为皇室成员。穆巴达拉全资子公司马斯达尔（MASDAR）成立于2006年4月，致力于发展新能源和清洁技术，并建有马斯达尔城（MASDAR City）。马斯达尔城被规划为世界第一个碳中性、零污染、全部依靠再生能源的城区，国际可再生能源机构（IRENA）总部将设在该城。

公司联系方式如下：

电话：00971—24130000

传真：00971—24130001

网址：www.mubadala.ae

3. 阿布扎比国际石油投资公司（IPIC）

阿布扎比国际石油投资公司（IPIC）成立于1984年，全部资产归阿布扎比所有，现任董事长是阿联酋内阁副总理、阿联酋总统事务部部长谢赫曼苏尔·本·扎耶德·阿勒纳哈扬。阿布扎比国际石油公司主要从事阿布扎比酋长国以外的能源领域的投资业务。2008年起，该公司的投资战略有所转变，开始涉及其他领域，并称再生能源的投资将占其投资总额的10%，从而更加符合阿联酋经济多元化战略发展。根据《阿布扎比国际石油公司年报》，该公司的总资产超过140亿美元，持有14个世界领先的石化公司股份。该公司在2015年财富五百强中排名219名，2014年营业收入为481.3亿美元，利润为12.06亿美元。

公司联系方式如下：

电话：00971—26336555

传真：00971—26330111

网址：www.ipic.ae

4. 阿布扎比控股总公司（GHC）

阿布扎比控股公司是阿联酋最大的工业集团，也是政府实行经济多元化战略的重要支柱。GHC的目标是实现阿布扎比工业多元化。

公司联系方式如下：

电话：00971—26144444

传真：00971—26312857

邮箱：P.0.Box4499、AbuDhabi、UnitedArabEmirates

电邮：info@ghc.ae

网址：www.ghc.ae

5. 阿布扎比国家能源公司（TAQA）

TAQA公司成立于2005年6月，是一家能源投资公司。阿布扎比政府通过阿布扎比水电局（ADWEA）持有该公司51%的股份；阿布扎比水电局将其拥有的另外24.1%股份转给阿布扎比农场主基金，用于支持发展阿布扎比农业，并支付农民工资；剩余的24.9%股份在阿布扎比证券市场自由买卖，购买者仅限于阿联酋国民。TAQA及其下属公司为阿布扎比酋长国及其他酋长国供应水电。下属公司与世界基础设施知名企业如英国电力公司、法国Suez能源、美国CMS能源公司、日本三井、东京电力等合作，共同经营管理水电项目，项目建设、电力设施和净化水技术基本上由这些行业领先企业设计建造，如西门子、GE、意大利净化水公司Fisia以及韩国电力公司Doosano。

公司联系方式如下：

电话：00971—26914900

传真：00971—26413286

网址：www.taqa.ae

6.AlQudraHolding 公司

AlQudraHolding公司成立于2005年，旗下有30个子公司，目前业务涉及5个方面：基础设施建设、地产、工业、金融投资及服务部门。该公司董事大多为阿联酋金融、地产、银行及投资业的巨头。

公司联系方式如下：

电话：00971—26992222

传真：00971—26767444

网址：www.alqudraholding.ae

7. 迪拜石油公司（DPC）

迪拜石油公司（DPC）为美国大陆石油公司的分公司。成立于

1963 年，1964 年日本太阳石油公司和德国爱尔多尔石油公司各以 22.5% 的股份参股。1975 年迪拜酋长国将该公司百分百国有化。

8. 艾玛尔公司（EMMAR）

迪拜地产公司，2008 年被评为中东最佳房地产公司。该公司开发项目包括世界最高建筑哈里发塔（BurjKhalifa）等。

【发展规划】

阿联酋政府一直致力于减少对石油资源的依赖，并通过增加其他部门在国民生产总值中的比重来实现经济多元化，从而在世界石油价格震荡时保持经济增长。同时阿联酋政府也鼓励增加私营部门在经济发展中的比重，并为本国国民提供新的工作机会。阿联酋经济发展主要的三大目标是实现经济长期稳定的发展、实现经济多元化、吸引外国和本地的直接投资。

阿联酋的经济社会发展规划主要有 3 个：

1.《阿联酋 2021 年远景规划》

2010 年由阿联酋联邦内阁制订，是阿建国后首个针对全国的总体建设规划。该规划包括文化传统、联邦建设、经济发展和人民生活四部分，目标是到 2021 年建国 50 周年之际建成“世界最美好的国家之一”。该规划提出发展可持续、多元化经济，建立知识型、高效率的经济模式，但未明确数据指标。

2.《阿布扎比 2030 年经济远景规划》

阿布扎比政府于 2008 年发布规划制订时，正值油价上升、产油国经济高涨，规划从商业环境、财政、金融等 7 个部分阐述了经济发展政策，提出的主要目标有：2018 年阿布扎比经济总量比 2008 年翻一番，石油在 GDP 中的比重从 2008 年的 58% 降至 46%；2030 年经济总量比 2008 年翻两番，石油占 GDP 的比重降至 36%。

3.《迪拜 2015 年战略规划》

迪拜政府于 2007 年发布，计划到 2015 年保持经济年增长 11%，GDP 达到 1080 亿美元，人均 GDP 为 4.4 万美元。尽管因金融危机房地产遭受重创，但近年经济逐步复苏。从经济发展态势看，该规划有望完成。此外，2013 年 7 月底，迪拜王储哈姆丹下令制订 2020 年战略规划，以巩固迪拜在海湾地区的非石油经济领导地位。

【销售总额】

随着近年经济的稳步增长、国民收入提高及人口增长，阿联酋社会最终消费支出亦逐年递增。2008 年阿联酋最终消费支出总额约合 1393.47 亿美元[①]（5117.53 亿迪拉姆），较上年增长 20%。其中主要为私人支出，2008 年私人最终消费支出总额约合 1157.75 亿美元（4251.83亿迪拉姆），约占社会最终消费总额的83%。2012年以来，得益于经济增长和就业增加，本国居民和外来旅游消费支出扩大，

① 资料来源：阿布扎比数据中心《家庭收入和支出普查》，2008。

阿联酋最终消费支出总额继续增长，占 GDP 的比重持续上升。从增速上来看，私人最终消费支出高于政府最终消费支出。

【生活支出】

据 IMF 数据，2014 年阿联酋储蓄率为 33.5%。另据 CIA 数据，2014 年当地居民家庭支出占 GDP 的 52.4%，政府消费占 GDP 的 6.9%，固定资产投资占 22.9%，库存投资占 0.7%，出口货物和服务占 99.9%，进口货物和服务占 82.8%。

二

阿联酋的基础设施情况

【公路】

阿联酋公路网发达，公路交通十分便利。2003 年，阿联酋公共工程部开始实施一项投资 1.5 亿迪拉姆的国家公路网工程，将所有酋长国的高速公路连接成网，并与沙特、阿曼的公路相连。现各酋长国之间均有现代化高速公路相连。阿联酋公路总长约 4030 公里，路面质量优良。全国约有机动车 79.2 万辆。

【铁路】

阿联酋铁路以货运为主。阿联酋已启动了总投资约 110 亿美元、全长 1200 多公里的联邦铁路项目，计划 2018 年完工，该铁路将纳入全长 2200 多公里的海湾铁路网，届时将联通海合会六国。2013 年，阿布扎比推出城轨项目，规划全长 131 公里，包括地铁、轻轨和快速公交等。

【空运】

阿联酋现有国际机场7个、直升机机场10个。2013年，阿联酋航空客运量超8500万人次。迪拜国际机场客运量达6643万人次，排在世界第二位。中国国内有多班航班飞往阿联酋的阿布扎比和迪拜等地区。

迪拜国际机场，始建于1960年，后经多次扩建。日起降约500架次，属本地区最繁忙的客、货空港。目前该机场已成为世界第二繁忙机场，预计2025年，年旅客数量将达1亿人次。2013年迪拜机场免税店销售额约18亿美元，是世界最大的机场免税店。投资41亿美元的迪拜机场扩建工程（T3）已于2008年10月投入使用。

马克图姆国际机场，位于迪拜世界中心，是迪拜第二座国际机场。该机场一期工程已于2013年10月27日投入使用，建有一座航站楼和一条跑道，2014年运送旅客约100万人次。到2020年全部完工后，马克图姆国际机场将成为世界上最大的机场，共有5条跑道和4座航站楼，年客运能力将达1.6亿人次，货运能力将达1200万吨。

阿布扎比国际机场，建于1970年，目前只有一条跑道，2014年的旅客吞吐量约为2000万人次。阿布扎比国际机场扩建项目总投资金额超过82亿美元，是中东地区目前耗资最大的机场建设工程之一。全部扩建工程最终完工后，阿布扎比国际机场空港廊桥将达到80个，年客运能力将超过5000万人次，空港区面积将超过3400公顷，能够满足未来40年来往阿布扎比的旅客流量需要。

【港口】

阿联酋共有16个现代化的港口，其中9个港口具有集装箱货运码头、仓储及其他十分先进的设施。全国港口泊位超过200个，其中80%的泊位在阿布扎比酋长国和迪拜酋长国港口。1971年阿联酋建国初期港口装卸能力为200万吨，现已增加到4000万吨左右。

沿阿拉伯湾的主要港口有阿布扎比酋长国的哈里发港、扎耶德港，迪拜酋长国的拉希德港和杰布阿里自由区港，沙迦酋长国的哈里德港，哈伊马角酋长国的萨格尔港。阿曼湾沿岸有沙迦酋长国的科尔·富坎港、富查伊拉酋长国的富查伊拉港。其中拉希德港和科尔·富坎港均属世界前50个大型集装箱货运码头。杰布阿里人工港，位于杰布阿里自由区内，系世界最大的人工港，码头长15公里，有67个泊位，拥有世界一流的配套设施和服务。2013年，杰布阿里港2号码头完工，年吞吐能力增至1500万标箱。3号码头2015年完工，年吞吐能力增至1900万标箱。目前杰布阿里港集装箱吞吐量居世界前10位，是中东北非第一大港。迪拜的港口连续9年荣获中东最佳港口奖。

目前，阿布扎比酋长国哈里发港一期工程已完工。项目第一阶段包括具有年处理200万20英尺标准箱能力的港口和面积为51平方公里的工业区A区。哈里发港已取代扎耶德港成为阿布扎比的主要货运港。

【电信】

2014年，阿联酋拥有固定电话用户约208万户，移动电话用户约1600万户。

阿联酋电信公司成立于1976年8月30日，政府持有其60%的股份，直到2006年，Etisalat都是阿联酋唯一的一家电信运营商，垄断了阿联酋的固定电话、移动电话、互联网接入及有线电视业务。2005年12月酋长国综合通讯公司（EITC，股票代码“du”）上市，阿联酋联邦政府拥有酋长国综合通讯公司（EITC）50%的股份。“du”持有阿联酋第二张全国性移动服务牌照，以DICtelecom&Samacom的名称为住宅和企业用户提供固话、电视以及高速互联网服务。

【互联网通信】

目前，阿联酋人均使用互联网比例高，在中东国家中排名第一，阿联酋有51%的消费者都有过网购行为，在中东地区排名首位。有各类网址约8713个，其中有1347个被屏蔽不能浏览。阿联酋的互联网主要由阿联酋电信公司（Etisalat）和酋长国综合通讯公司（EITC—du）这两家公司经营监管，其他公司目前只能向其租用网线，提供服务。

【电力】

阿联酋统管全国水电事务的主要机构是联邦水电局（Fewa），

但具体地区则由主要酋长国的有关机构分别负责。阿布扎比水电局（Adwea）负责阿布扎比、阿莱茵和西部地区，迪拜水电局（Dewa）负责迪拜地区，沙迦水电局（Sewa）和 Fewa 分别负责沙迦及北部地区。

阿联酋 2013 年装机容量为 27374 兆瓦。近 97% 的电力生产以天然气为燃料，剩余的 3% 则使用石油、煤炭以及可再生能源。电网方面，2011 年海合会统一输电系统建成，成员国之间可在紧急用电时互送电力。

为摆脱对天然气高度依赖的单一能源供应结构风险，阿联酋努力通过发展太阳能、风能、清洁煤和核能等，加速实现能源、结构多元化。2009 年底，阿布扎比与韩国签署了价值 200 亿美元的核电站建设合同，首个核反应堆预计将于 2017 年开始发电。2012 年，迪拜推出马克图姆太阳能公园项目，项目计划总投资 120 亿迪拉姆（约 33 亿美元），总装机容量超过 1000 兆瓦，目前第一期 13 兆瓦已完工，第二期 200 兆瓦已于 2015 年一季度完成招标，三期 800 兆瓦也已启动招标，建成后有望成为世界上最大的单相太阳能发电项目。根据阿联酋能源发展规划，计划到 2020 年发电总量中核电占 25%、可再生能源发电占 7%，天然气发电占 67%—70%，到 2030 年，可再生能源发电量占阿联酋总发电量的比重将超过 10%。此外，迪拜提出到 2030 年其可再生能源发电占比将增至 15%。

2015 年 8 月 25 日，阿联酋联邦水电管理局（FEWA）宣布，乌姆盖万一座耗资1.3亿迪拉姆（约0.35亿美元）的电站投入试运行。这是联邦政府电力输配网络扩展计划的一部分，以满足酋长国日益增长的能源需求。项目建设期为30个月，新电站将满足乌姆盖万酋长国目前和至2021年的发展和工业用电需求。FEWA局长Mohammed Saleh表示，这座电站（270mega—voltampereand132/33/11kv）是阿联酋北部电站二期扩容计划的一部分。FEWA将在两个月内启动总耗资15亿迪拉姆（约4.1亿美元）的电网扩容三期项目。

【基础设施发展规划】

阿联酋基础设施主管部门为交通部、阿布扎比经济发展局、迪拜交通局等。

阿联酋拟投资110亿美元建设连接各酋长国的铁路。规划里程为1200公里，分三期建设。目前一期工程266公里已完工，全部工程计划于2018年完工，该铁路将纳入全长2200多公里的海湾铁路网，将联通海合会六国。境内公路网完备，迪拜酋长国建有中东地区最先进、最完善的轻轨铁路系统，分为红、绿、橙、蓝四条线路，全长318公里。阿布扎比拟推出城轨项目，规划全长131公里，包括地铁、轻轨和快速公交等，目前尚未开始招标。迪拜、阿布扎比正推进机场新扩建项目，港口码头新扩建项目也在推进，具体见以上基础设施情况。

【资金来源】

基础设施重点项目资金主要来自政府投资，银行贷款是常规融资渠道，当地伊斯兰金融是一大特色。

【是否允许外国投资者参与投资】

阿联酋基础设施由政府或固有实体所有，一般由本国投资主体完成，但在能源、新能源等领域也向外资和私营部门开放。为提高能源利用率，将在太阳能、能效、绿色建筑等领域推出公私合营（PPP）模式。

三

阿联酋的金融环境

【货币】

阿联酋实施开放的货币政策，货币为迪拉姆（AED），可自由兑换，迪拉姆与美元的汇率固定。

尽管中阿两国已签署货币互换协议，但在实际交易中大多仍以美元为结算中介，驻阿国际银行和中资银行正大力推广使用人民币。

迪拜希望成为中东第二个人民币清算中心。据阿联酋《国民报》报道，继多哈成为中东地区首个人民币清算中心后，迪拜国际金融中心（DIFC）也希望成立人民币中心，以支持不断增长的阿中双边贸易。

【外汇管理】

阿联酋外汇不受限制，可自由汇进汇出，但须符合阿联酋政府的反洗钱规定。一般情况下，外商投资资本和利润回流不受限制；

外资银行在将其利润汇出境外前，必须事先获得阿联酋中央银行的同意，并将其纯利润的20%作为税收缴纳给阿联酋政府。阿联酋对外国人携带现金出入境无规定。

外资企业在阿联酋开立外汇账户无特殊规定，但须提交在阿联酋注册公司工商执照、母公司营业执照、财务报表、母公司签字授权人信息等材料。

【银行机构】

截至2013年6月，阿联酋有本国银行23家，开设分支机构964家；外国银行28家，开设分支机构114家。

中央银行

阿联酋中央银行前身是货币发行局（UAE Curency Board），成立于1973年，负责发行法定货币迪拉姆。1980年，阿联酋中央银行成立，主要职能包括发行货币，并确保货币汇率稳定及自由兑换；制定和实施信贷政策，确保国家经济稳定发展；监测银行系统；管理政府外汇储备和黄金储备等。

商业银行

阿联酋主要商业银行有阿布扎比国家银行（National Bank of Abu Dhabi），阿布扎比商业银行（Abu Dhabi Commercial Bank），阿联酋联合国民银行（Union National Bank）等。其中，阿联酋联合国民银行已经在上海设立代表处。

外资银行

自 1987 年开始，阿联酋央行考虑到阿联酋金融市场容量太小，阿联酋中央银行对外资银行网络拓展和准入极为慎重。

中资银行

近年来，中阿金融领域合作加强。目前，中国工商银行、中国银行、中国农业银行和中国建设银行均在阿联酋设有分行或分支机构。联系方式如下：

1. 工行阿布扎比电话：02—4998611，工行迪拜电话：04—7031111；

2. 中行迪拜电话：04—3819105；

3. 农行迪拜电话：04—5676900；

4. 建行迪拜电话：04—5674888。

5. 中国国家开发银行和中国出口信用保险公司等政策性金融机构也在阿联酋设有工作组。

2015 年 3 月，中国银联与阿联酋央行签署协议，银联卡可通过 UAE Switch 网络在阿境内 4800 台 ATM 机上使用。目前银联卡已覆盖阿境内所有 POS 终端和 ATM 机。

【融资条件】

据阿联酋央行 2015 年 3 月公布的银行间利率基准（Eibor），隔夜利率约为 0.1%，3 个月期利率约为 0.7%。1 年期约为 1%。银行对外贷款 1 年期利率在 Eibor 水平上加 2% 左右。

阿联酋是地区金融中心，金融业发达，利率水平较低。阿联酋，特别是迪拜，也是全球伊斯兰金融的中心。中国企业可以凭借自身在国内银行的良好信用和充足额度，发展与阿联酋本地和外资银行的关系和业务。

随着人民币国际化进程的加快，人民币在阿联酋乃至海湾地区影响力不断扩大，除进驻当地的中资银行外，汇丰、渣打等国际银行和 Emirates NBD 等当地银行也可为客户开立人民币账户，提供存款、结算等服务。当地开办人民币业务的渠道不断增多，中资企业可通过银行以人民币进行结算和投资，但当地客户对人民币的认知度和接受度有限，跨国贸易投资中仍以美元为主。

【信用卡使用】

阿联酋当地信用卡使用较普及，中国国内银行所发行的 Visa、MasterCard 在各大商场及超市均可使用。特别是银联卡在阿境内已实现全覆盖，并在机场等特定区域有一定优惠。

【证券市场】

阿联酋有两家证券交易市场，分别是阿布扎比证券交易所（ADX）和迪拜金融市场（DFM）。两家交易市场由电子网络连接，方便交易者及时获得信息。所有的上市公司和股票代理经纪公司统一由阿联酋证券商品管理局负责审查。截至 2014 年，在该管理局注册的上市公司超过 140 家，阿布扎比和迪拜各占一半，包括 26 家外资公司，其中主要有银行业、服务业、保险业、工业、房地产业、通讯产业。由于经济向好和投资者信心恢复，阿联酋成为地区动荡中的投资避风港，2013—2014 年股市强劲上涨，迪拜和阿布扎比股指上涨约 1 倍，交易额大幅增加。

此外，阿联酋还有一个商品期货交易市场，即黄金商品交易市场（DGCX），该市场位于迪拜金属商品中心（DMCC），于 2005 年 11 月开始运营。

阿联酋股市允许外国人投资，但外国人占股比不得超过 49%，具体投资比例由上市公司自行规定。

2014 年 9 月 21 日，中国农业银行迪拜分行发行的 10 亿元人民币“酋长债”在迪拜纳斯达克正式挂牌上市。该债券是利用中国农业银行 2014 年建立的全球中期票据项目，由其迪拜分行在阿联酋发行，债券金额为 10 亿元人民币，期限为 3 年，票面利率 3.5%。这一利率低于目前市场平均水平，但中东地区投资人认购占比达到发行总额的 25% 以上，显示出投资者对人民币的信心。迪拜纳斯达克是中东地区最为重要的债券交易机构之一，本次上市的“酋长债”是该交易所的首只人民币债券。

【商务成本】

【天然气】

标准 22 公斤装天然气价格由原来的 112 迪拉姆 / 罐上调到 130 迪拉姆 / 罐；44 公斤装天然气价格由原来的 224 迪拉姆 / 罐上涨到

270 迪拉姆 / 罐；11 公斤装天然气价格从原来的 54 迪拉姆 / 罐上调到 80 迪拉姆 / 罐。

【劳动力供求及薪酬】

阿联酋劳动力主要来自国外，包括来自欧美的中高层管理人员，来自周边阿拉伯国家的行业技术人员和来自南亚的管理人员、劳工。各建筑公司的工资标准不统一，一名普通建筑工人的收入基本在每月 1000 迪拉姆（孟加拉工人）至 1900 迪拉姆（泰国工人）。

阿联酋目前的劳工法里，没有规定最低工资标准。

【外籍劳务需求】

在阿联酋的劳务市场中，外籍劳务占据十分重要的地位。外籍工人占阿联酋劳动力市场的 90%，在有些私营部门，99% 的员工都是外国人，主要来自印度、巴基斯坦、孟加拉、斯里兰卡、埃及、也门、菲律宾等国。

【土地及房屋价格】

迪拜土地局 2014 年报告显示，当年迪拜房地产交易量为 5.39 万笔，交易额为 594 亿美元，其中销售量为 3.81 万笔，销售额约为 300 亿美元，同比下降 14%。业内人士分析，迪拜房地产自 2014 下半年开始冷却，预计 2015 上半年市场价格将继续疲弱，投资将向市中心和世博园区、杰布阿里等成本较低的地区转移。

阿布扎比 2014 年住宅土地价格约上涨 20%，目前市区 1000 平方米住宅土地价格约为100万美元，哈里发城1000平方米住宅土地价格约为88万美元，扎伊德城1000平方米住宅土地价格约为40万美元。

2015年阿布扎比住宅租金为17美元/月·平方米。办公室租金28美元/月·平方米，BateenTower区域为45美元/月·平方米，工人营地租金为109美元/人·月。迪拜DIFC办公室租金为700–820美元/年·平方米。[①]

① 数据来源：中建中东有限责任公司

本章要点

阿联酋是海湾和中东地区最具投资吸引力的国家之一。其投资吸引力表现为：一是低税率，一般货品仅收5%关税；二是港口物流便利，配套设施完善；三是一站式服务，网络化管理，服务快捷高效。

世界经济论坛《2014–2015年全球竞争力报告》显示，阿联酋在全球最具竞争力的144个国家和地区中，排第12位。世界经济论坛《2014年全球促进贸易报告》显示，阿联酋促进贸易指数（ETI）排在中东北非地区首位，全球排名第16位。

据IMF估算，2014年阿联酋人均平方米GDP4.48万美元，按购买力平价计算为6.45万美元，排名世界第七位。

截至2007年7月10日，国际评级机构穆迪对阿联酋主权信用评级为Aa2，展望为稳定。2014年2月，大公国际维持对阿联酋的本、外币主权信用等级分别为A和BBB＋，评级展望为稳定。标普对阿布扎比本、外币最新信用评级均为AA。

目前，迪拜金融中心区内企业有1039家，其中金融企业327家。迪拜已成为位列伦敦、纽约、新加坡、香港、法兰克福之后的全球第六大金融中心。

阿联酋现有国际机场7个，直升机机场10个。2013年，阿联酋航空客运量超8500万人次。迪拜国际机场客运量达6643万人次，排在世界第二位。

阿联酋实施开放的货币政策，货币为迪拉姆（AED），可自由兑换，迪拉姆与美元的汇率固定。

近年来，中阿金融领域合作加强。目前，中国工商银行、中国银行、中国农业银行和中国建设银行均在阿联酋设有分行或分支机构。

AE UNITED ARAB EMIRATES

第四章

阿联酋投资领域分析

04

向左走，向右走

在这一章，我们可以先想象一个画面：一位手握大量资产、雄心勃勃想要有所作为的青年，正在用一天又一天的时间“接见”各行各业的老板们，却总是似懂非懂，因而各种事项也就悬而未决。相信这样的场景，会出现在很多投资者的身边。在对外投资贸易行为里，决策几乎是成功的一半，甚至还要更多，好的决策顺应经济发展前景要求，提前打通经营全程，能避免很多不必要的犹疑和踟蹰。相对的，不好的决策很容易造成产能的损耗，无论是船小好掉头的小型企业，还是规模巨大的国有企业，发展方向的决策，应当是下好功夫的一环。

对阿联酋这样个性突出的国家来说，投资贸易领域的比重划分相当明显，也从决策程度上减少了相当程度的干扰项（可以想象一下一个外国商人来中国投资的情形）。阿联酋的几个关键词是石油、沙漠、基建、旅游。其中沙漠和石油，代表的是目前最为重要的石油产业，可以说是“黑色的金子”；旅游行业的独特开发思路正吸引着全世界的游客到来，航空业的高度发达也增加着这个行业繁盛的可行性。在阿联酋强力拉动外需、旅游业迅速崛起的前提下，基础设施建设领域的繁荣也是应有之义。从目前来看，国有企业涉足这几个领域是最多的，获取利润也是最多的，也相对比较集中。

但对于规模相对较小的企业来说，也许还存在更有优势的选择。在阿联酋，各个行业已经被高度细分，成熟的行业划分机制为制造业和服务业带来了更多活力，对于以制造业见长的中国企业来说，如果能够紧紧抓住一个细分的行业门类，即使只能拿到阿联酋某个相关行业10%的订单，带来的收益也是相当惊人的。

从这个角度来看，我们这一章的内容，虽然详细列举了阿联酋几个重点行业的具体情况和投资机会，但这并不代表着进入这几个行业就是稳赚不赔的。以旅游业为例，真正优质的旅游资源，是很难通过常规渠道收集到的，一个较为稳妥的方法是细分、再细分。从石油行业，到塑料行业，再到玩具行业，从基建行业，到咨询行业，再到设备租赁行业，从旅游行业，到服务行业，再到餐饮行业，细分所带来的收益是显而易见的。

再回到开头的画面，对于一个投资者来说，资金的筹集是一个短期行为，人力资源的募集、公司的成立和项目的完成，都是具体可控的。但是，决策过程却从来都是复杂而玄妙的，我们的上一辈企业家们常常会说：“不知道怎么就在这行干了一辈子。”对于有“幸运光环”加身的投资者来说，可能入行的方向并不值得纠结，但对于更多的投资者来说，市场分析、行业选择是一项长期性的、非常重要的环节，也最终决定着事业的高度和推行的深度。由于篇幅限制，本章仅选取了几项重点行业进行分析，希望能给读者在解决“向左走，向右走”的问题时，提供一些值得参考的经验。

一

能源领域投资分析

【大力投资清洁能源】

阿联酋将加大在绿色能源领域的投资，预计到 2021 年总投资额将达到 350 亿美元。其中，一部分投资已用于发展核能、太阳能以及其他绿色能源，其余资金将在未来 5—6 年内陆续投入。

目前阿联酋的能源生产 100% 源自天然气，而天然气主要依赖进口，因此阿政府计划在 2021 年将这一比例降至 70%。目前阿政府一方面增加自供、升级存储设备，并扩大天然气进口渠道，另一方面积极探索能源多样化发展道路。到 2020 年，阿联酋将有 30% 的能源来自核能和太阳能，其中核能将占到 20%—25%（5400 兆瓦）。

近期，阿联酋取消了汽油补贴，这将有助于减少能源浪费，阿政府正试图改善居民的能源使用方式。尽管近期国际油价下跌，但阿政府仍将继续扩大石油出口，预计到 2017 年阿石油产量将达到

350 万桶 / 天。

【重视与华开展合作可再生能源领域】

2015 年底，阿联酋国务部部长里姆·易卜拉欣·阿勒哈希米就能源问题表示，阿联酋不仅重视与中国在石油生产方面的合作，更重视在可再生能源方面的合作。阿勒哈希米说，阿联酋与中国都是有着巨大潜力的国家，2012 年 1 月中阿两国正式建立战略伙伴关系。阿联酋阿布扎比王储此行中国的核心是就建立总金额 100 亿美元的中国——阿联酋联合投资基金与中方签署协议，这一投资基金将极大推动汇聚双方共同战略利益的产业领域向前发展，如传统能源和新能源、基础设施、科技及高端制造领域。

阿勒哈希米表示，阿联酋与中国在能源方面已有深度合作。2015 年 5 月，中国石油工程建设公司与阿布扎比陆上石油公司签署设计、采购及施工合同，合同内容包含采集站、输油管线、输电线路以及污水系统的建造，总金额为 3.34 亿美元。根据该合同，前者将为后者开发曼德油田，油田计划日产能高达 2 万桶。2015 年 6 月，阿联酋阿布扎比国家石油钻井公司签署了 14 部新钻机购买合同，总值约为 5.43 亿美元，其中 12 部钻机将在中国制造。

阿联酋正通过能源结构多元化的措施，寻找减少温室气体排放、实现能源可持续发展的途径。到 2020 年，阿布扎比 7% 的能源消费将来自可再生能源；到 2024 年，整个阿联酋将有 24% 的能源消费来自包括核能、可再生能源在内的清洁能源。

【全面推进能源多样化发展计划】

作为负责任的石油生产国及可依赖的市场供应方，阿联酋不可能在每次市场出现波动的情况下都立刻调整原有计划。现在国际油价很不稳定，阿联酋有责任继续向增产目标迈进，到2017年将把原油日产量从目前的300万桶提高到350万桶，各项投资计划也不会受影响。

阿联酋同时也在努力推进天然气产能的提升。阿联酋沙赫天然气项目2015年已开始生产大规模的含硫天然气。沙赫项目由阿布扎比天然气发展有限公司（Al Hosn Gas）和美国的西方石油公司联合开发，总支出约为100亿美元。随着对天然气需求的增加及天然气价格的提高，阿联酋已经决定进一步推进能源供应的多样化，推进核能及可再生能源的发展，以减少未来对天然气的进口。一旦2020年新的核反应堆投入使用，阿联酋的能源行业将翻开新的一页。

【油气资源分析】

阿联酋的石油资源丰富，已探明的石油储量为978亿桶（约133亿吨），居世界第七位。石油天然气生产在阿联酋经济中占据十分重要的地位。阿联酋石油生产主要在阿布扎比酋长国。阿布扎比石油业正处在成熟期，按目前的产量和储量计算，还可生产120多年。迪拜酋长国的石油业处于枯竭期，储量有限，按目前的产量和储量计算，最多还能开采20年。其他酋长国处于开发、勘察找油阶段。

阿联酋目前石油产量约为 280 万桶 / 天，计划到 2017 年日产量增至 350 万桶。2011 年至 2015 年间，阿联酋能源投资总额将达到 140 亿美元。

阿联酋已探明的天然气储量约 6.09 万亿立方米，排在俄罗斯、伊朗、卡塔尔、土库曼斯坦、沙特和美国之后，居世界第七位。其中大部分位于阿布扎比。阿联酋虽拥有巨量天然气，但由于国内天然气需求量大，大部分用于回灌采油，同时多为酸性气田，开采难度高，成本大，目前阿联酋仍采取天然气进口政策，通过海豚计划（Dolphin Project）从卡塔尔进口天然气。

阿联酋的石油和天然气生产主要依靠阿布扎比国家石油公司（ADNOC）下属的 ADCO、ADMA、ZADCO 等公司。阿布扎比的产油量占阿联酋产油总量的 96% 以上。阿布扎比将于未来五年内投入 250 亿美元用于支持海上油田增产。

阿布扎比目前的陆上石油和海上石油的总产量近 300 万桶 / 天，计划在 2017—2018 年，总产量将提高到 350 万桶 / 天。其中，阿布扎比两大海上油气公司—ADMA 和 ZADCO（均为阿布扎比国家石油公司控股）目前的原油产量分别为 65 万桶 / 天和 60 万桶 / 天，目前计划是在 2017—2018 年将上述两大公司的总产量提高到 160 万桶 / 天。阿布扎比国家石油公司（ADNOC）表示，为满足日益增长的天然气需求，ADNOC 会将天然气项目开发作为今后的一个重点。目前，ADNOC 已经与之前就有合作关系的项目作业公司联合开展一些前期评估工作，同时也在通过技术评估协议的方式与一些潜在的合作方推进新天然气田的开发制。ADNOC 表示，目前阿布扎比海上油田的钻机设备已较之前增加了 50%，而 ADNOC 还计划进一步提高钻机设备的数量，在未来五年内每年将有 25 亿美元用于海上油田特别是天然气田钻井设备投资，而每年钻探油井的数量也将保持在 160 口左右。

Adma—Opco 由 ADNOC 持股 60%，根据特许经营权合同，英国国家石油公司（BP）、法国道达尔石油公司（TOTAL）和日本石油发展公司（JODCO）享有其余 40% 收益权。该合同将于 2018 年 3 月到期，ADNOC 目前正在开展更新合同的计划工作，包括项目评估、招投标文件的准备等，正式招标将在获得阿最高石油委员会批准后启动。

【海洋油气发展分析】

波斯湾盆地拥有世界上最大的油田和气田，占世界石油剩余探明储量的 56.6%，这些储量主要分布于沙特阿拉伯、伊朗、伊拉克、科威特、阿联酋等 5 个国家。20 世纪末，阿联酋探明的原油储量为 981 亿桶，约占全球总储量的 10%，其中阿布扎比原油储量约占全国 94% 以上，阿联酋探明的天然气储存量为 6.1 万亿立方米，约占全球总储量的 4%，其中阿布扎比储量约占全国的 90% 以上。经过十多年的开采使用，截至 2014 年底，阿联酋石油剩余探明可采储量为 978 亿桶，约占世界总储量的 6%，居世界第七位，这其中 94% 集中在阿布扎比酋长国，剩余 6% 集中在其他 6 个酋长国，迪拜探明的可采储量为 40 亿桶。

阿联酋每天产油量不等，但基本维持在 300 万桶左右，2014 年阿联酋的日产量平均达到了 350 万桶，其中一部分供国内市场消费，另一部分供出口，而且约 96% 出口到了亚洲；阿联酋天然气剩余探明可采储量为 6.089 万亿立方米，约占中东总储量的 8%，居世界第七位，这其中 94% 也集中在阿布扎比酋长国，剩余 6% 按储量多少依次分布在沙迦、迪拜、哈伊马角。

阿联酋的油气产业始于海洋，1958 年，阿布扎比海洋石油公司（ADMA）首次在波斯湾的乌姆谢夫油田（Umm Shaif）发现了大量可供开采的石油，之后相继在其他酋长国发现油气田，其中石油仅在阿布扎比、迪拜、沙迦、哈伊马角（按储量多少排列）等 4 个酋长国发现，其余富查伊拉、阿治曼、乌姆盖万并未有可观储油量被勘探出来。

在最近的 20 年里，阿联酋的石油开采率明显增加，这主要是其境内不断发现新油田，特别是在近海领域。其主要海上油田为上扎库姆油田（Upper Zakum Oil Field）、乌姆谢夫油田（Umm Shaif Oil Field）、下扎库姆油田（Lower Zakum Oil Field）。其中上扎库姆油田是阿联酋最大海上油田、世界第二大海上油田及世界第四大油田，于 1963 年被发现，1967 年投入生产，位于海湾地区阿拉伯联合酋长国西北约 80 公里处，面积覆盖 1200 平方公里，水下有约 450 口油井在工作。

据福布斯 2013 年公布的数据显示，上扎库姆油田拥有的石油总储量估计为500亿桶，其中估计可采储量为210亿桶，目前，该油田每天可生产50万桶原油（阿联酋2013年年鉴公布的数据为52万桶）。上扎库姆油田由阿布扎比国家石油公司（ADNOC）控股60%的扎库姆发展公司（ZADCO）负责开发，埃克森美孚公司（EM）和日本石油开发公司（JODC）分别持股28%、12%，正在推行UZ750工程计划，预计将在2017年完工，届时产量将提升至日产75万桶，这一产能将会持续25年；另外两个海上油田乌姆沙伊夫和下扎库姆油田主要由阿布扎比海上石油公司（Adma—Opco）控制，正在推进一项十年计划，欲在2019年将两个油田的日产量从2009年的60万桶提高到100万桶。该公司还打算开发3个规模较小的海上油田，预计这将增加原油日产量7.6万桶。另据海洋技术信息网显示阿布扎比的Satahal—Razboot（SARB）海上油田也在推进产量的增长，该油田位于阿布扎比西北200公里处，由阿布扎比国家石油公司（ADNOC）控股，与阿布扎比海上石油公司（Adma—Opco）合作开发，在2016年将产能提升至10万桶/天。

迪拜作为一个石油贸易和能源服务中心，其海上油田产量远不如阿布扎比，但它目前正对设在杰贝阿里港口的一座凝析油炼油厂（从气体产品中提炼液化天然气）进行扩能建设，产能将从原先的每天4.8万桶提升到12万桶，炼油厂的原料主要从卡塔尔、阿布扎比和伊朗进口。迪拜最近发现的阿尔贾里拉海上油田在未来还将增加新勘探量和开采量。新月石油公司（Crescent Petroleum，沙迦的一家私营企业）从海湾地区靠近阿布穆萨岛附近的穆巴拉克油田生产石油。阿联酋石油生产的特点是外国公司从该国石油勘探、开采、生产伊始就参与持股，延续至今。

目前阿联酋三大石油公司分别为阿布扎比陆上石油公司（ADCO）、阿布扎比海洋石油公司（ADMA）和扎库姆发展公司（ZADCO），均由阿布扎比国家石油公司（ADNOC）控股60%，剩余股份由外国公司共同持有。这三家石油公司原油产量占阿联酋全国原油总产量的96%。按照分工不同，阿布扎比陆上石油公司（ADCO）主要承担石油的陆上勘探、开发和生产，目标是到2018年将产能提高到180万桶/天。阿布扎比海洋石油公司（ADMA）主要负责开发大陆架海上油田，计划到2018年产能达到100万桶/天。扎库姆发展公司（ZADCO）负责阿布扎比最大的一块海上油田上扎库姆油田（Upper Zakum Oil Field）以及UA、SATUHI油田的开发，计划到2018年可以生产75万桶/天。从产量上来看，阿联酋陆上石油和海上石油产量各占半壁江山。

阿联酋海上气田主要位于乌姆盖万酋长国深入海内的大陆架上。新月达纳天然气（Crescent and Dana Gas）负责开发一个位于沙迦和阿治曼共享海域的海上气田。乌姆盖万的海上亚特兰蒂斯（Atlantis）气田2008年开始投产。中国石化集团公司旗下的一个业务单位正在开发该气田，通过一条海底管道将日产量达260.51万立方米的富液天然气输往拉斯海马的一家由该酋长国经营的处理厂（PAK Gas）进行加工处理。为有效合理开发利用天然气，阿联酋牵头发起了海豚天然气管道项目，旨在将卡塔尔、阿联酋和阿曼的天然气管道运输通过海底隧道相互连接、相互供应，实现相互之间的合作，共同发展，有助于促进海合会区域一体化经济的发展。富查伊拉没有发现具有经济价值的可供大规模开发的油田或气藏，但该酋长国濒临阿拉伯海，拥有世界第二大加油港，每月处理约 100 万吨的海上运输燃料和其他石油产品。

近年来，阿联酋政府做了许多致力于经济发展多样化的努力，但短期内仍难摆脱对油气出口的依赖，2005 年、2010 年其油气出口对总出口的贡献率分别为 46.9%、35.3%，对国民生产总值的贡献率分别为 37.1%、30.5%。2011 年、2012 年、2013 年阿联酋石油工业对国民生产总值的贡献率分别为 32.1%、32.7%、32.7%。

【油气投资计划】

阿联酋能源部部长马兹鲁伊表示，阿联酋将投资 350 亿美元来多样化本国的能源来源以及减少本国发电行业对天然气进口的依赖。

阿联酋计划在今后的几年里提高天然气产量来满足国内对天然气不断增加的需求。尽管目前油价下跌，阿联酋将继续推进本国的石油和天然气投资计划。

【土库曼斯坦与阿联酋加强油气领域合作】

2014 年 12 月 19 日报道，阿联酋负责政治事务的副外长艾哈迈德·阿卜杜拉·艾哈迈德·阿里·贾曼率代表团访问阿什哈巴德，当日与土库曼斯坦外长进行政治磋商，双方特别关注了经贸、金融投资领域合作问题，讨论了阿联酋公司在土实施的大型合作项目，尤其是石油天然气领域项目。

目前，在土库曼斯坦境内注册的阿联酋企业有 54 家，正实施的项目有 96 个，合同额为 527.6 万美元加 510 万欧元。土库曼斯坦从阿联酋主要进口高新技术产品和设备，向阿联酋出口的产品主要有原料和成品。

【山东与阿联酋石化合作状况】

我国第一化工大省山东，在轮胎、炼油化工、石油装备等传统产业领域，以及战略新兴产业方面具有独特优势；阿联酋油气资源丰富，双方优势互补，紧密合作，前景无限。尤其是山东产能过剩的轮胎、地炼等产业有望找到一片新的发展天地。

山东作为我国第一化工大省，无论在轮胎、纺织、化工等传统产业领域，还是新能源、新材料、新医药、新兴装备制造等战略新兴产业，都有着良好的基础。当前世界经济潜在增长率下降，企业应摆脱只瞄准欧美大市场的思维，在重视传统市场的同时，积极开辟新兴市场。

阿联酋这个沙漠国家石油和天然气丰富，但其他自然资源贫乏，从工业原料、设备到民用生活用品无一不依靠进口。为改变单一的经济结构，阿联酋政府一直实行开放多元的经济政策，并喊出了“经济转型”的口号，努力吸引国外投资，这无疑为山东的化工企业带来巨大机遇。

山东大型地炼企业相对集中，可以说是炼油领域的佼佼者，但是无油可炼成为一直制约山东地炼企业发展壮大的魔咒。而阿联酋恰恰油气资源丰富，是国际石油市场中的重量级角色，二者合作领域颇多。阿联酋可以到山东与地炼企业合作，地炼企业也可以到阿联酋寻求更大深度的发展。为推动双方交流合作，山东拟与阿政府建立固定的沟通机制，鼓励企业积极参加相关展会，并组织山东优势行业、企业进行深度考察对接，拓展山东对外经济合作的广度和深度。

【中石油与阿联酋开展油气合作】

中国石油工程建设公司（CPECC）与阿布扎比陆上石油公司（ADCO）3.3 亿美元的阿联酋曼德油田开发项目签约仪式于 2015 年 5 月 17 日在阿布扎比举行。中国石油工程建设公司（CPECC）通过国际公开招标程序，于 2015 年 5 月 4 日中标阿布扎比陆上石油公司（ADCO）的曼德油田开发项目。该项目是阿布扎比陆上石油公司实现石油日产量从 140 万桶增至 180 万桶的重要工程之一，合同于 5 月 17 日正式签订生效，合同工期为 27 个月，合同金额约为 3.3 亿美元。

曼德油田位于库萨维拉油田以东约 40 公里、阿萨布油田东南约 100 公里的沙漠地区，距离首都阿布扎比市超过 300 公里，该油田设计生产能力为 2 万桶 / 天。项目主要工作范围包括新建两个集油站、一个中心集油站、40 个井口设施、4 个注水组，以及 100 公里管线、71 公里输变电高压线路、22 公里站间公路，以及压缩空气系统、氮气系统、密闭排污系统等相关公用设施。

中国石油工程建设公司（CPECC）隶属于中国石油天然气集团公司，是集团公司专门从事石油工程设计、制造、施工和工程总承包的专业公司，现已发展成为集团公司在国内外石油工程建设领域最具代表性的公司。

2008 年 11 月 30 日，中国石油天然气集团公司与阿联酋国际石油投资公司签订了阿布扎比原油管线项目设计采购施工（EPC）总承包合同，项目总金额为 32.9 亿美元。这是截至目前中国石油在海外承揽的最大规模的工程建设总包项目。2012 年 7 月 15 日，由中国石油工程建设公司（CPECC）总承包、年输油能力达 7500 万吨的阿联酋哈卜善至富查伊拉输管线项目竣工投产。这条输油管线项目被认为是阿联酋一项重要的国家级战略项目，它为阿联酋石油的出口提供了保障，将能保证阿联酋约 70% 的原油无须经过霍尔穆兹海峡，而直接通过富查伊拉港，经阿曼湾向外输出。

阿布扎比陆上石油公司（ADCO）是阿布扎比国家石油公司（ADNOC）下属子公司，目前日产原油 140 万至 160 万桶，产量占阿布扎比石油总产量的 60%。ADCO 计划投入 100 亿美元用于开发更新陆上石油设施，目标是到 2017 年将石油日产量提高到 180 万桶。

2015 年 12 月 13 日下午，在阿联酋阿布扎比王储谢赫穆罕默德·本·扎耶德·阿勒纳哈扬的见证下，中国石油集团董事长王宜林与阿联酋国务部长、穆巴达拉发展公司投资委员会能源业务首席执行官贾贝尔在北京共同签署了《中国石油天然气集团公司与穆巴达拉油气控股有限责任公司战略合作协议》。这次合作协议的签署，将在推动能源投资等领域的务实合作、共建“一带一路”重大战略构想中，拓展合作领域，实现合作共赢。

根据协议，双方将在阿联酋境外上游油气投资及相关项目服务等潜在领域开展合作，具体包括陆上常规项目、海上项目和LNG项目等合作。中国石油重视与阿联酋开展互利共赢油气合作，近年来积极发挥自身综合一体化优势，与阿布扎比国家石油公司等阿方伙伴在油气投资、工程技术服务等多方面开展广泛合作。特别是中国政府提出的“一带一路”倡议与阿方提出的“重振丝绸之路”理念高度契合，这为中阿企业间拓展合作的广度与深度提供了强大动力。穆巴达拉发展公司是阿布扎比酋长国政府的投资公司，主要投资领域涉及石油天然气、可再生能源、信息与通信、半导体、金属和矿业、医疗等。穆巴达拉石油公司是其最主要的业务板块之一，业务重点为世界范围内油气行业的上下游投资，该公司与世界主要能源公司都建立了伙伴关系，参与了很多重大项目。

二

阿联酋工程项目市场投资分析

【工程项目市场概况】

阿联酋依靠丰富的能源储量赚取了大量的资金，在石油收入不断增长的情况下，经济趋于繁荣，从2004年开始阿联酋加大了本国的基础设施建设投入，走上了经济发展的高速路，从此成为海湾地区的建筑业之都。

2008年，阿联酋工程项目行业产值占到GDP总值的55.1%。2006年至2010年期间，阿联酋工程项目市场达到高峰，每年规模达到420亿至620亿美元，经济危机造成了阿联酋工程项目市场规模的大幅度萎缩，但是2013年，阿联酋工程项目市场规模开始企稳回升至340亿美元，已经接近高峰时期的水平，预计很快将回归到每年400亿美元的水平并出现大幅增长，粗略估计阿联酋工程项目市场在2014年至2016年间将达到近1400亿美元的规模总额。

随着阿联酋第二大城市迪拜如愿以偿地获得了2020年世博会主办权，市场期望持续走高，阿联酋政府已启动多项大型工程项目，这些项目涉及的领域非常广泛，大多数资金投入到了与商业贸易相关的项目，占到62%，能源与资源项目和交通运输项目旗鼓相当，分别占19%和13%，工业项目、住宅项目和医疗保健项目投入相对较少，分别占到3%、2%和1%。目前阿联酋工程项目市场已知的在建项目或计划新建的项目总值达到5490亿美元，其中政府重点投资的项目有阿布扎比天然气处理设施（70亿美元）、迪拜地铁（76亿美元）、迪拜国际机场4号航站楼扩建（78亿美元）、阿提哈德航空枢纽（110亿美元）、阿布扎比核电站（300亿美元）、阿莱茵航空城（370亿美元）和迪拜乐园（910亿美元）。

预计2017年至2020年阿联酋工程项目行业产值将稳中有升，增长幅度将达5%—7%。虽然乌克兰危机爆发以后，“石油大战”重创国际石油价格，但是阿联酋资金实力依旧雄厚，阿联酋石油部长声称，为了确保未来阿联酋作为国际主要石油生产国的地位，阿联酋对石油工业和其他基础设施建设的投入不会减少。

【工程项目市场特点】

【投资环境】

总体来说，阿联酋作为海湾地区建筑业重要的支柱和贸易中心，有着非常良好的投资环境，主要表现在以下几点：

1. 中东地理位置优越，是重要的海上和航空物流交通枢纽，非常适宜国际经济合作，飞机以阿联酋为起点，16 个小时内便可快捷到达世界的每个角落。

2. 阿联酋政府鼓励国内外的资本在本国（地区）各个领域进行投资活动，奉行自由贸易政策。

3. 几乎没有任何税收。针对一般商品的进出口关税最多只有 5%，所有企业一律免除营业税、增值税、利润所得税等。

4. 基础设施完善。全新的现代化住房、医疗、交通、通信设施，为企业提供一切必要的便利，道路网络、交通管理系统和通信系统尤为先进。

5. 工程项目市场发展迅猛，近年来阿联酋的工程项目市场规模持续增长，为国际承包商提供了前所未有的机遇。

【企业注册的注意事项】

对于企业的成立和注册，阿联酋本国的法律有明确的规定，涉及到的法律主要有阿联酋的《民法》《商业公司法》《商业注册法》，阿联酋工商会的《1976 年第 6 号法》及其后的修正案——《1984 年第 1 号法》等。根据这些法律规定，我国企业在进行公司注册时应当注意：

1. 阿联酋法律仅允许阿联酋人从事商业活动，外国人注册公司必须至少找到一位阿联酋人作为合伙人，其出资比例不得少于 51%。境外公司注册分公司可以拥有全部股份，但是也必须由阿联酋人作为担保人。

2. 在阿联酋注册的公司类型，必须是普通合伙公司、简单有限合伙公司、合资公司、公开合股公司、不公开合股公司、责任有限公司、股份合伙有限公司等七种公司类型之一。

3. 除非得到酋长赦免，在阿联酋从事商业、工业、金融业或承包工程业务的所有公司，必须先加入阿联酋工商会，成为正式会员后才能开展营业许可所规定的业务。

4. 有些行业领域，企业在取得营业执照后，还需要上报有关政府部门审批后才能营业，其中，土木工程和建筑咨询行业必须向阿联酋计划和城市规划部报审，以确定企业的资质等级。

5. 阿联酋经济发展部近期推出了网上注册平台，即使不在阿联酋当地，也可以通过政府网络平台进行注册并实时查询进度，这是迪拜酋长推出的“智能城市”战略的一部分，这一举措大大提高了政府的工作效率，简化了注册程序，缩短了注册周期，为投资者提供了极大的便利。

【本国企业的保护政策】

阿联酋法律的诸多规定带有本国企业的保护政策，变相提高了本国企业的市场竞争力，这些保护政策体现在以下几个方面：

1. 企业资质等级

在阿联酋注册的工程承包企业，根据其财务条件、技术条件、资历条件的不同，划分为特级、一级至五级，共计 6 个等级，不同等级的企业有不同的承包规模限制[①]。

在工程承包企业的资质等级方面，阿联酋政府规定：在同等财务、技术和资历条件下，本国企业（即100%阿联酋资本的企业）注册资质等级时可比外国企业提高一级。

2. 预付款

国际工程承包市场普遍认同和使用的FIDIC施工合同条件中规定的预付款额度一般为合同总价的10%—15%。总体看来，预付款额度最高也会严格控制在合同总价的20%以内，这些项目的资金大多来自世界银行的贷款。

阿联酋政府规定，在阿联酋工程项目市场中，原则上只有本国工程承包企业能够享受相当于合同总价25%的预付款，总额度一般不会超过150万美元；外国企业在阿联酋进行工程承包需要垫资，不能享受预付款，这一规定无疑使外国企业的固定资产和现金流量投入加大。不过，随着全球著名的国际工程承包企业进入阿联酋市场和市场机制的进一步完善和规范，这一规定有放松的迹象。目前，在阿联酋进行承包业务的外国企业，在向业主提交履约保函和预付款保函的基础上，可以享受预付款，但额度一般为合同总价的10%，也不会超过150万美元。

3. 施工设备

阿联酋政府规定：原则上不允许外国企业直接进口施工运输设

---

① 见中国驻阿联酋大使馆经济参赞处网站

备，例如大型巴士、皮卡车、装载机、汽车吊等，即使外国企业想要在阿联酋市场上自行购买，也必须先从阿联酋本国企业租赁相同数量的设备。通常情况下，当地的设备租赁价格非常高，租用一台设备的年租金足够购买一台相同的崭新设备。而阿联酋本国企业不受此规定限制，在成本上更显竞争力。

【资金环境】

阿联酋奉行自由经济政策和开放的货币政策，这种政策对工程项目市场的资金流动影响很大，其主要特点有：

1. 银行业十分发达

阿联酋是中东地区的金融中心，境内设有300多家本国银行（包括换汇交易所），另有100多家外国银行。2012年，51家阿联酋本国银行的总资产约计4500亿美元，是阿联酋国民生产总值的1.6倍，总体表现很好，资金流动性很充足。这一点对国际工程承包企业的资金周转非常有利。

2. 汇率相对稳定

一般情况下，货币可以自由进出阿联酋，不受外汇管制，国际的资金流动几乎没有任何障碍。阿联酋的货币政策与美元挂钩，与美元间的汇率基本保持稳定，但这一政策意味着阿联酋央行控制通货膨胀的能力不强，而通货膨胀极有可能造成工程项目各项成本的急剧上升，因此，货币政策方面的风险值得警惕。

3. 工程项目资金充足

大多数情况下，阿联酋工程项目的资金来源是非常有保障的。除了政府投资的项目外，开发商和个人项目资金更多来自银行融资。这种情况下，业主、银行、承包企业在咨询公司的见证下签订三方协议，银行有专门的部门对其提供融资的项目进行从立项到竣工验收的跟踪，这些部门通常由工程专业人员组成，主要对工程的进度和完成的工程量进行实时跟踪，以便在承包商提交月进度报款时进行审核，落实资金使用状况，制订资金储备计划，并督促业主、承包企业按合同完成项目。

正常情况下，承包商在提交的月进度报款经咨询公司、业主和银行审核签字后，银行资金不会经过业主的账户，而会直接拨付给承包商。整个付款周期从申请到入账大约需要 2—3 周，基本不存在拖欠。当然，也有少量的项目是业主自筹资金，资金储备状况相对较差，但也不会对项目实施产生较大的影响。

【受“热钱”和地区局势影响】

近年来，以基础设施建设为发展动力的阿联酋，由于其宽松自由的经济政策，迅速吸引了来自全球的“热钱”，这些资金本身就具有不稳定的特征，很容易造成市场的动荡。“热钱”加速了基础设施投资泡沫的生成和膨胀，金融危机爆发后，“热钱”迅速逃离，又加速了泡沫的破裂，造成工程项目资金链断裂，工程项目实施遭遇巨大挫折，大量项目出现“烂尾”和经济纠纷。由于“热钱”

出逃，阿联酋股市仅2009年就损失6000多亿美元，近乎市值的50%，阿联酋工程项目市场也因此急剧萎缩。

【建筑设计和实施方面的特点】

阿联酋各种建筑设计和实施过程中，民用建筑的特点最为鲜明，主要有：

1. 阿联酋天气十分炎热，日光强烈，因此当地建筑设计基本不考虑自然采光和自然通风。

2. 阿联酋各市区的建筑规划紧凑，相邻建筑之间的最小间距只有3米，给施工造成一定影响。

3. 结构类型方面，阿联酋的民用建筑形式主要以钢筋混凝土结构和钢结构为主；形态方面，以别墅、高层和超高层建筑为主，外观千奇百怪，造型多变，无奇不有。

4. 绝大部分高层、超高层项目都是住宅和商业建筑，功能方面一般是地下室作为车库，地面层以沿街商铺为主，夹层为办公室，上部为标准层，顶部作为设备层。

5. 阿联酋是一个低海拔的沿海国家，地下水位在 -1.5 米左右，由于大多数建筑都设有一层或多层地下室，因此降水难度较大，成本较高。另外，对独特结构、外观设计和建筑高度的热衷追求，直接在垂直运输、建筑材料、设备安装、分项协调、节能环保等方面挑战着传统的建筑施工工艺。

6. 阿联酋工程项目施工范围涉及面很广，几乎每个高层和超高层建筑施工都包括以下专业分项：公共管线迁移、降水、土石方、基坑支护、防白蚁、防水和屋面隔热、地下玻璃钢内胆水池、主体和装饰、屋面设备基础、给排水、强弱电安装、空调系统、消防、天然气、垃圾滑道、载人电梯、擦窗机、备用发电机、有线电视、卫星电视、电话、安保监控、门禁系统、火警和广播系统、车库管理系统、汽车电梯、建筑智能化系统、综合布线系统、室外景观、市政道路恢复等。

7. 阿联酋工程项目一般都由咨询公司代替业主管理，咨询公司的权力很大，它的职能集可行性研究、设计、监理、协调于一身，沟通程序简洁，反馈和决断比较及时，这一点与国内的惯例不同。

8. 阿联酋经济发展迅速，投资到位快，项目市场状况变化也快，很多时候由于业主投资收益预期或投资方向的发生变化而改变了建筑物的结构、装饰或用途，因此设计变更加纷繁芜杂。

9. 施工难度大、范围广直接促使项目管理者积极创新管理理念和施工工艺，大量使用新材料、新技术，这里成了项目管理创新的实验室，走在了世界的前沿。

【人力资源方面的特点】

5 年的高速繁荣发展使阿联酋境内常住人口从 2006 年的 500 万增加到 2011 年的 826 万，其中本地人口有 94.8 万，仅占总人口的 11.5%，外籍人口多达 731.2 万，占总人口的 88.5%。外籍人口是阿联酋劳动力的主力军，受民族、宗教、教育和培训程度、生活习惯等因素的影响，劳动力方面的主要特点有：

1. 劳动力人口由多个民族构成

外籍劳动力占阿联酋劳动力人口的90%以上，主要来自印度、巴基斯坦、菲律宾、孟加拉、埃及，少量来自欧美、周边阿拉伯国家和亚洲国家。①

2. 劳动力分布行业和职位差异大

本国劳动力主要集中在能源化工行业、金融行业、电信行业等国有企业和政府机关，而且大多位居管理高位，劳动强度较低而收入很高，工作环境舒适。外籍劳动力大多文化水平较低，主要从事普通管理工作和劳动强度较大的体力工作。②

3. 劳动收入差距很大

阿联酋境内主流总承包企业内，由于职位和经验的差异，管理层人员收入与工长、工人收入差异很大；对于普通建筑工人，即便是同样的工种，来自不同国家的工人也有很大的收入差距。

4. 技术水平和积极性差异大

来自印度、巴基斯坦、孟加拉的劳工技术水平较低，工作时间也很难保证，他们大都是穆斯林，每天的礼拜时间都包括在8个小时正常工作时间内。另外，即使根据《劳工法》支付加班工资，他们也不倾向于加班，基本每周都需要休息一天。而中国工人技术水平较高，大都可以每天工作9—10个小时，周末也可以加班，这无

---

① 数据来源：阿联酋国家统计局

② 数据来源：阿联酋社会与经济研究所

疑对工程进度十分有利。

【建材机械方面的特点】

阿联酋工程项目市场持续繁荣，因此对各种建筑材料和工程机械设备的使用消耗量很大，这方面的主要特点有：

1. 依赖进口

阿联酋建筑原材料资源匮乏，本国建材和工程机械设备生产企业很少，而自由贸易政策使本国企业得不到特殊的保护，在市场竞争中没有优势而无法发展壮大，因此，阿联酋绝大多数的建筑材料和工程机械设备来源于国外进口。

2. 进口来源地广泛

阿联酋建筑材料的主要进口来源地有土耳其、中国、印度尼西亚，少量来自意大利、英国、美国、马来西亚；工程机械设备的主要进口来源地有英国、美国、德国、法国、日本，少量来自中国。

3. 指定建材

阿联酋政府制定的本国统一质量标准并不完善，因此建材的标准规范一般由工程项目咨询公司编制在招标文件中，很多建筑材料和设备都指定了产地或品牌。例如，绝大多数工程项目通常指定钢筋原产地必须为土耳其、阿联酋或卡塔尔；玻璃原产地通常指定为比利时；电梯通常指定为日本三菱（Mitsubisi）、美国奥蒂斯（Otis）、瑞士迅达（Schindler）、德国森蒂克虏伯（ThyssenKrupp）等名牌产品，这些产品通常只能通过当地的独家代理商获得。

4. 中国产品冰火两重天

在建材五金工具等技术含量较低的产品方面，中国产品可选择的档次范围广，价格低廉，性价比较高，有较高的市场占有率；在整机设备等技术含量较高的产品方面，中国产品质量和客户认可度不高，备受质疑，因此，阿联酋工程项目业主更青睐国外知名品牌。因此，合理节省材料、设备成本需要工程承包企业发挥创造性。

5. 库存差异

阿联酋大部分建筑材料供应量充足，但是有很多销售企业为了降低仓储费用和资金占压，不会维持很高的库存，尤其是使用量特大的装饰材料和单价较高的机械设备等需要提前预订，往往需要等待几个月的生产和海运时间。

【专化分包方面的特点】

阿联酋工程项目涉及的分项工程较多，执行的标准复杂交叉，为了更好地发挥企业优势，确保完成质量和达到进度目标，合理规避风险，总承包企业一般都需要根据项目性质和专业分项进行分包，这方面的特点主要有：

1. 涉及专业分项多

工程项目施工范围涵盖的给排水、强弱电、消防、空调系统、垃圾滑道、电梯、擦窗机、电梯、火警和广播系统等很多分项都可能需要分包。

2. 分包原因不同

总承包企业进行分项分包的原因主要有：

（1）发挥总承包企业的自身专业优势，规避专业劣势。

（2）规避标准和规范风险。阿联酋使用的建筑标准和规范复杂交叉，初涉阿联酋的总承包企业对标准掌握不到位，实施项目费时费力风险大。例如，供电方面阿联酋参照的标准主要是英国标准，但是英国标准有不同的年度版本，而且交叉着阿联酋供电局的要求和少量国际电工委员会标准。当地分包企业对标准、规范和当地政府相关部门的申报和验收程序更熟悉，风险相对较小。

（3）设备安装需要。对于电梯、空调制冷机组、垃圾滑道等整机设备，以电梯为例，绝大部分市场份额已由知名品牌占据，一般都由独家代理进口商和分销商控制，为了确保安装质量并获得与业主之间的后续长期维护保养合同，他们更倾向于供货和安装捆绑承包，而不乐意仅仅供货。

（4）业主或政府指定分包。为了缩减成本或控制质量，业主在招标阶段就已经确定了某些专业分项的分包商。另外，涉及工程项目的市政部分分项，政府相关部门有指定的分包商列表，总承包商在选择专业分包商时必须从上述列表中选择，如市政管线迁移和恢复。

3. 分包协调和管理难度较大

工程项目中需要多个分项分包配合施工，但是由于各分包企业的民族、企业文化、管理水平、技术水平、工作作风等多方面的原因，使得工程在施工穿插配合方面困难重重。另外，分包企业内部自身有很多因素，如劳资纠纷造成的怠工、罢工等，是总承包企业难以直接控制的。

【工程项目风险管理】

【风险识别】

结合阿联酋工程项目的特点，采用专家调查法和核对表法，可以根据风险的不同来源对其主要风险进行识别，所得信息汇总如下：

1. 政治风险

（1）阿联酋国内政局稳定，没有派别斗争，没有内战。

（2）法律、法规除具有伊斯兰特征外，多方面借鉴欧美成熟经验，体系健全、完善，政策稳定。

（3）国际关系方面奉行中立和不结盟的外交政策，倡导中东和平进程和中东地区无核化，支持巴勒斯坦，抵制以色列。与伊朗有三个岛屿争端，但主张以谈判和国际法庭仲裁的和平方式解决，发生武装冲突的可能性不大。阿联酋反对恐怖主义，严防恐怖主义渗透。

2. 经济风险

（1）在市场准入上有一定的地方保护主义，主要体现在本国企业资质的破格升级、享受预付款和设备采购特权方面。原本阿联酋对劳务输入基本没有限制，但是高速发展的阿联酋劳务输入总量持续上升，集中反映出许多涉及劳务人员的学历造假、国际诈骗和人口贩卖等违法行为。2012 年以来，为了控制违法行为，阿联酋政府对孟加拉、印度、斯里兰卡和菲律宾的劳务输入签证进行了临时限制。对于各个项目，对原材料产地和品牌有不同的规定。

（2）阿联酋政府、国有企业和当地私营房产开发商普遍资金实力雄厚，但是受到以欧洲和印度为主要来源国的热钱影响，工程项目市场行情和投资规模波动较大，工程项目资金保障不稳定。

（3）阿联酋工程项目在签订合同和进行工程款支付时通常使用当地币（迪拉姆），当地货币与美元挂钩，汇率有浮动，受美元贬值和人民币升值影响，汇率风险加大。融资利率通常也采用浮动利率。

（4）阿联酋生活物资价格稳定，交通运输价格受石油价格影响，建筑材料和设备依赖进口，价格和库存受原产地通货膨胀和生产能力的影响大。

3. 技术风险

（1）阿联酋大多数民用工程项目都是高层和超高层，有很多结构，外形也很复杂，新技术的应用需求很大，对工程承包商的施工技术能力形成挑战。

（2）有些项目的监理工程师为了达成更好的业绩，会提出一些苛刻的技术条件，承包商应在合同规定和监理关系之间做好平衡。

（3）阿联酋工程项目合同按照国际惯例编写，大多是固定总价合同，虽然都附有工程量清单，但是工程量清单只是招标文件的一部分，必须结合图纸、规范等进行价格预算，因此工程量的准确性有一定风险，未经核实不能作为报价的最终依据。

（4）参与阿联酋工程项目的业务人员专业素质和外语水平参差不齐，涉及的规范、文本众多，如果对 FIDIC 的各个版本条款差异重视不足，对施工规范和技术标准的理解偏差，缺乏工程项目的国际化管理理念，就会造成巨大的技术失误。

（5）在阿联酋执业的工程设计人员素质普遍较高，设计的技术能力成熟，使用规范和标准较高，发生设计缺陷的可能性不大。

（6）阿联酋地下水位在海拔 -1.5 米左右，施工中降水、防水环节的技术压力较大。

4. 社会风险

（1）以穆斯林人口为主的阿联酋在文化、宗教习惯和世界观等方面与我们有着巨大的不同，这些因素造成的交流上的误解，很容易激怒当地民众，影响项目的顺利实施。

（2）阿联酋社会治安很好，鲜有盗抢事件和严重暴力事件发生，承包商员工财产和生命安全有保障，但是交通伤亡事故频发。

5. 管理风险

（1）阿联酋工程项目涉及大量的分包商，对分包商技术、经济实力和口碑的考察十分重要。承包商和分包商之间有多种合作方式，各种方式对双方各有利弊，好的合作方式更利于项目目标的达成。当地专业分包商表现普遍不佳。

（2）阿联酋劳动力方面涉及国内劳务输出和外籍劳务聘用，又受到当地相关法律的制约，在证件、合同等方面必须严格依法管理。另外，中国企业普遍在加班费的执行上与阿联酋劳工法相背离，容易引起纠纷和政府追责。

（3）质量、安全方面，阿联酋监理依据欧美标准，与国内要求不尽相同，高层、超高层项目的建设更要防范高空坠落和坠物。合同对工期和拖延罚款规定明确，执行也比较严格，细致到每一天，工程项目不按期竣工交付将面临巨额罚款。

6. 其他风险

德国波恩大学主导了一项全球自然灾害风险研究项目，其公布的“2013 年全球生活风险地图”表明，阿联酋自然灾害风险指数属于最低等级，很少遭受地震、洪水、飓风等自然灾害，偶有沙尘暴，医疗保障制度和设施先进完善。

【风险评估】

评估结果表明，阿联酋工程项目市场存在的 A 类风险有资金、汇率、建筑材料和设备库存及价格、人员素质、劳务、分包商；B 类风险有技术能力、保护主义、安全、交通；C 类风险有文化、自然灾害、政局、法律、国际关系、恐怖主义。

【风险应对】

依据风险触发器和征兆出现的特点，可以采取风险回避、风险减轻、风险转移、风险自留等防范措施，在此主要讨论可能造成严重危害的A类风险的应对。

1. 资金风险

指派专业人员常态化研究市场发展的趋势，收集市场情报，甄别信息的真实性和准确性。加强财务管理，实时跟踪财务收支数据，为决策提供参考信息。安排专人规范、及时地落实工程款回收。

2. 汇率风险

对工程项目实施期间的汇率进行研究，为减轻风险做好充分准备，在严格、精确计算工程造价的基础上，预留一定的汇率浮动空间。另外，有些项目在与业主商谈合同的时候可以附加汇率风险分摊条款。

3. 建筑材料和设备库存及价格风险

应加强信息来源渠道开拓和信息搜集整理与科学分析工作，及时准确地预测市场需求和宏观经济动向。由于当地关税极低，对在当地价格和库存不稳定而符合标准的材料和设备，可以考虑从国内直接采购。对于无法从国内进口或必须依赖当地独家代理的材料和设备，在签订合同时将风险转移给当地供货商。对于市场价格有很大上涨趋势的材料和设备，可以在合同限定价格上涨范围，对风险予以回避，超出一定范围重新议价。

4. 人员素质风险

必须加强管理人员专业和外语水平的培训与素质提高，组建稳定合格的队伍。在工程项目的各个阶段中，在涉及工程量审核、工程量结算、成本核算、报款申请等重要文件和重要项目的实施上指派责任心强、经验丰富、能力突出的优秀员工实施监督执行，科学管理，从严把关，避免文档不合格反复影响工程进度，更要避免出现重大漏洞，造成不可挽回的巨大经济损失。

5. 劳务风险

在招收国内劳务的时候，应该严格审核，对劳务人员的身体状况、技术水平、意志品质和思想道德进行全方位的了解。选择合作的劳务中介时应复核其资质，确保招工质量。用工确保合法、规范，制定科学的管理制度，切实保障工人权益。另外，可以进行劳务外包来转移风险，但是必须实时关注工人的状态，不定期检查劳务分包的管理动态，将风险降到最低。

6. 分包商风险

承包商应根据自己的专业优势，选择资质、技术能力和社会信誉良好的分项分包商。加强合同管理，注重合同范围的细节规定，合理细致地转移风险。承包商应指派总协调，专职负责承包商和分包商之间、各分项分包商之间的协调和沟通，监督和跟踪分包工程质量和进度。此外，应预先储备若干备选分包商，一旦分包商违约，应由备选分包商及时替补，确保工程项目的不间断实施。

对于危害程度较轻的 B 类和 C 类风险，只要保持足够的警惕，制订相应的预警措施和应急方案，比较容易控制。

【阿联酋工程项目市场 SWOT 分析】

【优势分析】

1. 为了打造可持续发展的多元化的经济结构，减少对能源产业的依赖，阿联酋政府在交通运输、公共事业、保障住房和旅游商业设施等方面加强投资，为阿联酋工程项目市场提供了动力。

2. 阿联酋工程项目市场运行相对规范，市场监管机制完善，鼓励民间资本投入基础设施建设，并且规模控制合理，营造了非常有利的投资环境。

3. 阿联酋作为世界海空交通枢纽和中东金融贸易中心，完全有条件作为辐射非洲和东欧市场的大本营。

4. 为了吸引投资，阿联酋很多项目由政府或国有企业持股并出面担保，资金保障实力雄厚。

【劣势分析】

1. 阿联酋货币政策与美元挂钩，导致政府应对通货膨胀能力有限，工程项目合同潜伏着巨大风险。

2. 金融危机前建筑业发展过于迅猛，致使水、电、排污、通讯等配套公共基础设施无法同步完善，导致沙迦等地区水电供应短缺，部分地区工程项目建设受到影响，实施难度加大，甚至无法可持续进行。

3. 2008 年金融危机中热钱迅速撤离，致使建筑业大幅衰退，失业率攀升，工程承包行业重新洗牌，竞争陡然加剧。

【机遇分析】

1. 随着行业重新洗牌，水泥、钢铁等基本建筑材料价格下降明显，新开工工程项目的成本也随之降低，工程项目市场投资热情陆续恢复。

2. 阿联酋谋求发展多元化经济的意愿仍然强烈，对公共设施和旅游设施的投资持续增加，建筑业规模紧随能源产业之后。

3. 阿联酋计划投资 100 多亿美元，打造全球首个以“零碳、零废物、可持续发展”为目标的马斯达尔城，将最先进的可再生能源科技和系统应用到城市建设的过程中，对坚持清洁能源创新和绿色建筑的国际承包商来说是重大机遇。

4. 阿联酋拟借助主办 2020 年世界博览会的契机，加速经济转型，场馆及配套设施建设投入庞大而迅速。

5. 金融危机后阿联酋海外人才流失严重，熟练技术工人出现短缺，2015 年，仅迪拜一地在工程项目产业的综合人才缺口就超过 50 万人。

【挑战分析】

1. 随着阿联酋建筑业的复苏和升温，热钱有再度回流的趋势，容易催生建筑业的泡沫，虽然阿联酋采取措施抵制热钱，但工程承包行业面临巨大资金风险。

2. 近来中东局势混乱，伊拉克和叙利亚乱局催生的极端恐怖组织 ISIS（Islamic State of Iraq and al Shams）活动猖獗，阿联酋与伊朗关系长期没有明显改善，这些都被视为阿联酋国家安全的潜在威胁，为此阿联酋 2015 年还颁布了征兵法案，侧面凸显了领导层对局势的担忧。如果混乱的局势持续蔓延，有可能会引起阿联酋金融和商品市场的长期动荡，进而危害工程项目市场。

【阿联酋工程项目市场实现利润最大化的措施】

在市场经济的体系中，实现利润最大化是企业经营的最终目标之一，我国国际工程项目承包企业也不例外。总体来看，在阿联酋经营的我国工程项目承包企业的公司治理结构较为完善，在市场竞争日趋白热化的现实条件下，追求利润最大化不仅关系到企业自身的生存和发展，而且关系到国家的经济利益和影响力，还关系到每个企业员工的切身利益。

简而言之，工程项目承包企业的利润等于工程决算总值减去成本总值，因此，实现利润最大化，就是在合理的范围内争取最大化的工程决算总值，同时综合采取多种手段尽力控制工程成本。因此，实现利润最大化的理念必须贯穿工程项目实施的各个阶段和企业长远经营的各项工作之中。

【市场考察阶段的主要措施】

1. 深入调研市场环境

阿联酋工程项目市场聚集了来自全球的承包企业，开拓阿联酋市场，就要研究当地的经营规则，用科学的思维去理解和满足市场的需求。要宏观地洞察并科学地分析阿联酋政治、经济、宗教、文化、法律等各方面的信息，识别影响工程项目实施的各种风险因素，为下一步应对风险打好基础。值得注意的是，迪拜和阿布扎比市场需要区别对待，因为阿联酋 90% 以上的石油资源都集中在阿布扎比，阿布扎比的资金实力更为雄厚，政府的宏观政策更为稳定，而迪拜的市场规模较大，受到国际经济的影响大，有很大的资金风险，这些需要企业根据自身情况和项目特点进行权衡。

2. 精确掌握市场价格水平

在考察当地原材料、机械设备、劳动力价格的基础上，要深入研究全球承包商在阿联酋同类工程项目中的价格水平，作为投标报价的参考依据。

3. 全方位分析竞争对手

要通过多种渠道了解主要竞争对手的规模、资质、技术能力等信息，分析他们的优势和劣势，做到知己知彼，从容应对。

4. 准确把握企业定位

在深入考察的基础上，要根据企业自身的情况和市场战略来做好企业定位，并注册与市场需求、拟投标项目、竞争对手相匹配的企业资质。

【投标阶段的主要措施】

1. 严格审核招标文件

阿联酋市场上的项目大多采用固定总价合同形式，获得全部招标文件后要细致审核，避免遗漏任何文件，明确招标要求，做好招标答疑。同时，要结合所有文件对工程量进行核实，对工程量清单内出现的缺量、漏项等问题要及时反映到招标答疑文件和工程量清单增补项当中。

2. 合理利用规则漏洞

研究并合理利用招标规则的漏洞是非常重要的，阿联酋招标文件所附的指定分包和材料品牌列表之中，很多时候都有变动的余地，例如电梯指定为“美国奥蒂斯（Otis）、瑞士迅达（Schindler）、德国森蒂克虏伯（Thyssen Krupp）或相当品牌”，“相当品牌”通常意味着业主认可的其他品牌，在投标时可选择性价比较高的其他品牌并在报价文件中进行特别说明。

另外，中国优质产品的性价比普遍高于欧美同类产品，价格差距很大，因此应从协助降低业主投资总成本的角度上最大化地诱导业主选择性价比较高的中国产品，在欧美产品价格基础上进行小幅降价的同时，使用相应中国产品获得更大的利润空间。

3. 坚持市场价格水平的合理低价

报价要以精确计算工程总成本为基础，但是不能仅用成本衡量最后报出的价格，要以市场价格水平为参考依据，否则报出的价格虽然很有竞争力，但是如果过多低于市场价格水平和对手价格，中标之后相当于白白损失了应得的利润。更重要的是，盲目降价还会损害行业的利润水平，直接影响企业的长远盈利能力。

4. 积极变更应对

阿联酋工程项目的投资方经常突发奇想地根据资金状况和投资预期的发展临时变更建筑布局，甚至改变建筑用途，因此施工过程中涉及很多变更，针对这一特点，需要研究区分变更概率较大分项和变更概率较小分项，在总价不变的情况下，可以将发生变更可能性较大的分项单价适当提高，将发生变更可能性较小的分项单价适当降低，从而在今后出现变更时享受较高的单价，无形之中增加了利润。

5. 把握投标时机

和工序之间的流水作业原理相同，投标的时机把握得当，中标后可以形成两个或多个项目之间的流水施工，使劳动力和机械设备在不同项目间良性调配，充分发挥企业人力资源和机械设备的利用效率，谋取更多的利润。当然，积极主动参与投标，无论中标与否，都是把握市场价格走势的重要途径。

【实施阶段的主要措施】

1. 合理制订采购计划

阿联酋建筑材料和设备依赖进口，制订采购计划，首先要根据工程特点确定使用材料、设备的进场顺序，然后研究材料和设备的来源，本着最大化降低材料、设备采购成本的原则，测算从当地经销商采购，还是自己直接从国内进口。自己从国内进口产品，还需要测算关税、运输费、国内出口退税等，同时要综合考虑材料、设备的生产和海运时间，提前签订供货合同，约定合理的进场时间，以合理分配利用场地，降低仓储费用。

2. 均衡搭配劳动力

活跃在阿联酋工程项目中的劳动力主要来自印度、巴基斯坦、孟加拉、中国，各有不同的特点，要大胆搭配使用外籍工人，降低用工成本和管理成本。在阿联酋的外籍工人工资水平较低，与中国工人相比具有绝对优势，但也要区分雇佣，毕竟巴基斯坦工作与中国员工在习俗和生活习惯上差异很大，管理上也相对较难些。孟加拉和印度工人也有部分穆斯林，但是并非十分保守的那一类，比较容易管理，孟加拉工人在身体素质、吃苦耐劳和劳动积极性方面比印度工人差很多，应该说印度工人的性价比最高，尤其是印度锡克族工人。这并不是说全部使用印度工人就会降低用工成本，因为技术熟练程度方面印度工人与中国工人差距很大，也就是说，要在相同时间内完成相同的工程量，所需雇佣的印度工人数量要比中国工人数量多，虽然总体看起来会节约工资支出，但是，在签证、住宿、交通等方面，每个印度人所需的固定成本和中国人是相同的，雇佣更多的印度人意味着大大增加固定成本。因此，必须做好工资等变动成本节约和固定成本增加之间的平衡，根据总体费效比来决定雇佣外籍工人的比例。最后，印度工人的技术特点使其适合主体阶段的施工，而中国工人在精装修阶段技高一筹，必须要依据工人的技术特点合理分工。

3. 创新施工工艺

承包商要根据工程项目的特点积极创新施工工艺，这样不仅能够提高施工效率，而且能大大降低成本，例如，阿联酋工程项目结构设计中的钢筋含量很大，所用钢筋的直径和单位用量比国内普遍偏高，所采用的施工规范通常规定为钢筋搭接倍数在40d—50d之间，2006年年底，某中国公司施工过程中为了节约钢材，拟使用钢筋套筒连接方式，考虑到需要增加钢筋套丝工序和套筒本身的价格，经计算只有直径20以上的钢筋采用套筒连接才可以大大节约成本，这正符合该项目的配筋特点，但是经咨询监理工程师，当时阿联酋市场上并没有使用套筒连接的先例，需要提供实验数据。经对比数据发现，阿联酋市场上销售的钢筋力学性能介于我国国内的三级钢和四级钢之间，因此该公司通过国内厂家使用三级钢制造套筒，在现场制作了各型试件若干个，到监理工程师指定的当地实验室进行了力学实验，实验结果均达到使用标准，套筒连接方式如愿得以应用，后来多家中资兄弟企业前来观摩套筒连接工艺，使其在阿联酋多个项目中推广开来。

4. 有效管理分包商和供货商

分包商和供货商的管理环节，也是节约成本的关键，除了选择资质、技术能力、口碑上乘的分包商和供货商以外，还有其他一些方面非常重要。

（1）签订分包合同必须细致严密，从细节上明确施工范围，以避免纠纷和不必要的损失。例如，阿联酋的水电分包商在埋设管线的时候一般不会负责墙面的剔凿和完成布管后的修复，空调分包商也不负责通风道的穿墙预留洞口，而只负责指出位置和尺寸。例如，空调制冷机通常安放在楼顶，考虑到吊装高度和重量，现场塔机往往难以应付，吊装往往要使用200吨级的汽车吊，每天的租赁费高达3万美元，其中往往还涉及保险申请、交通管制申请等烦琐的市政手续，因此，必须在分包合同中予以明确。

（2）在阿联酋工程项目实施中面对的分包商、供货商大多是外资企业，他们的工人中穆斯林占多数，宗教习惯方面每周五是礼拜日，在很多宗教节日，他们一定会休息，因此安排施工计划的时候一定要利用好。例如，中国某公司主要负责土建施工，主体施工期间基本不休息，而水电分包商和混凝土供货商每周五都要休息，因此周四之前必须要完成土建和水电的配合施工部分，周五的时间该公司集中推进钢筋绑扎和部分模板施工，就可以最大限度地减少土建和水电配合的空闲时间，从而减少窝工。

（3）与分包商、供货商之间的书面信函往来是合同管理的重要一环，注重加强日常书面文件的及时性、准确性和有效性，为今后的分包和供货变更、处罚等的结算提供决定性依据，降低发生损失的可能性。另外，国际工程项目人员更迭频繁，一定要加强文件存档的持续性，防范因为人员更迭造成的文件遗失。最后，对文件存档的有效期要进行严格限定，在整个项目各方合同尚未完全执行完毕之前，避免重要文件的提前销毁。

【长期经营中的主要措施】

开拓阿联酋工程项目市场，维持企业的稳定经营和发展，实现利润的最大化，是一个长期积累的动态过程，企业必须有前瞻意识，制订长远的发展战略。

1. 加速产业整合升级

阿联酋市场上的很多国际工程承包巨头都是集咨询、设计、监理、项目一体化管理、施工、运营和国际贸易为一身的全面型企业，有些甚至直接涉足房地产开发、建筑材料生产和供应。要想进一步拓展市场空间和利润空间，应该在发挥专业优势、优化管理结构、升级技术装备的基础上向着综合性、全方位的方向发展，对处于行业产业链上、中、下游的各种优势资源进行并购整合，取长补短，提高企业整体技术含量和国际竞争力，为进军利润较高的高端市场打下基础。

2. 优化人力资源管理

目前，阿联酋市场上中外承包企业对人才的争夺日趋激烈，再加上我国人力资源成本的增加，传统的劳动密集型产业优势已不复存在，亟待优化人力资源管理，向技术、管理密集型产业转变。

（1）大力培养涉外复合型人才。国际工程承包的运作非常复杂，其中涉及外国语言、法律、经济、国际贸易、土木工程、项目管理等多个专业的知识，各个环节隐藏着巨大的风险，复合型人才对风险的识别能力更强，对项目的实施过程理解得更透彻，更适应企业国际市场的运作，对企业经营过程中规避风险、把握机遇、优化管理和拓展利润空间有着极其深远的意义。培养复合型人才，可以由阅历、经验丰富的优秀管理人员对企业员工进行内部教学，也可以和各大学开展合作，定期进行在职教育，还可以让有潜力的青年员工在一线各个岗位轮值，熟悉各岗位的业务和企业的运作流程，以达到优秀人才储备和逐步提高员工综合素质的目的。

（2）探索“以外对外”。长期以来，我国国际工程承包企业的管理层绝大多数以中国人为主，这已经不能适应当前的管理形势。在国内人工成本攀升，外籍一线员工人数比例持续上升并占到多数的大趋势下，外籍一线员工的管理问题逐渐成为人力资源管理的重点。由于国籍、文化传统、宗教、语言、工作与生活习惯等方面的差异，中国管理人员直接管理外籍一线员工时出现很多误解，如不及时妥善处理，就会出现管理层和一线工人的对立，严重影响职工队伍的稳定性和积极性，甚至出现大规模罢工，对项目的实施和企业形象造成严重危害。因此，引进高素质外籍员工非常必要，把他们作为中层管理重点培养对象，积极引导他们融入企业，直接参与相应国籍一线工人的管理，最大限度避免各种误解。同时，在涉及直接与当地相关部门交涉的关键岗位，要大胆培养使用当地员工，确保人员管理和对外协调工作的顺畅，进而推动工程项目的顺利实施。

（3）制定科学的激励制度。激励是稳定队伍、实现人力资源管理目标的主要手段之一，需要企业根据员工的自身特点，综合利用各种方法，最大限度地激发员工的积极性、创造性，提高员工对企业的忠诚度。科学、公正的激励制度不仅仅是通过收入上的奖励和惩罚来实现的，在阿联酋艰苦的工作环境下，适宜采用多种灵活的激励政策，为员工改善生活和工作条件，为员工与家属相聚提供一定的便利，都是重要的激励手段。更重要的是，要注重企业文化的培养，为员工实现自身价值提供发展空间和锻炼机会，让企业文化体现在员工实现自我价值的过程之中，始终保持员工的上进心和忠诚度。对达不到绩效要求、违反企业制度、破坏队伍团结的员工，在坚决予以惩罚的基础上，还要注重精神上的引导，使他们逐步转变、提高，为企业做出应有的贡献。

（4）个性化分工。国际工程项目的人员在组织过程中，往往按一定的专业水平标准和思想觉悟在国内进行选拔，被外派到国外后，随着国外气候、社会、文化差异造成的生活和工作环境变化，员工的适应能力、吃苦耐劳程度、工作效率和创新能力都会发生变化，在这个过程中，不同的员工会逐渐体现出不同的工作特点。在当地雇佣的外籍员工，也由于不同的文化、宗教信仰和生活习惯体现出不同的特点。这时应当根据员工的不同特点进行个性化分工、管理和培养，以提高人员使用效率，提高企业的经济效益。

3. 建立国际化思维和视角

我国工程承包企业在阿联酋开拓市场，需要端正心态，把激烈的竞争当成提高的契机，以国际化的思维，向成功的国际工程承包企业学习先进的经营理念、项目管理方法和施工工艺，在市场逆境中发现不足、稳步提高、迎头赶上。同时，要以国际化的视角布局全球，充分发挥阿联酋优越的地缘优势和经济政策优势，把阿联酋工程项目市场当作开拓中东、非洲和东欧市场的战略跳板，实现全方位辐射，积极拓展业务空间，从而获取更大的整体利益。需要特别指出的是，我国工程项目承包企业在某些方面也具有世界领先的优势，“国际化”并不是“去中国化”，这需要我国企业取其精华、去其糟粕，继续发挥自身专业和技术优势，秉承中华民族勤劳善良、吃苦耐劳、诚实信用的优秀品质，实现“中国特色”和“国际特色”的完美融合。

【中国工程承包企业在阿联酋的现状】

目前，在阿联酋工程项目市场的中国工程承包企业主要有中航技国际工程（阿联酋）公司、中国建筑工程总公司、中国土木工程集团公司、中国港湾建设总公司、中国石油天然气集团公司、北京建工集团公司、华为技术有限公司等。近年来，中国工程承包企业在阿联酋成绩斐然，但是总体来看，来自多方面的竞争日趋激烈，2011 年我国工程承包企业在阿联酋的新签合同总额降幅达到 49%，至今没有好转，形势不容乐观，主要体现在以下几个方面：

1. 阿联酋的高端模式项目市场技术要求较高，包括 PMC（Project Management Contractor）、EPCM（Engineering Procurement Construction Management）和项目一体化管理等模式，基本上由欧美企业垄断。

2. 海水淡化和火电项目市场由欧美日韩企业分享，以韩国电力公社为首的企业联盟还在阿联酋成功承接了价值 204 亿美元的核电站工程，加上培训费和后期维护费用，总额超过 400 亿美元。

3. 石油化工项目近年逐渐形成了韩国企业独霸的局面。

4. 商业住宅项目、交通道路升级项目和市政项目中，中国企业面对的是来自阿联酋本国、沙特和印度企业的强劲挑战。

5. 近年来，土耳其和埃及工程承包企业成为后起之秀，它们的管理、技术和装备水平持续大幅提升，在总体经营能力方面日益接近我国企业，我国企业在中低端房建市场的传统性价比优势已消失殆尽。

6. 由于我国国内经济近年来的持续高速增长，我国国内工人工资出现大幅上涨，我国承包企业的用工成本和管理成本随之大幅增加，与大量雇佣孟加拉、巴基斯坦和印度廉价劳务的外国承包企业相比，人工成本处于劣势。阿联酋工程项目市场竞争是激烈残酷的，我国工程承包企业只有加快企业转型，创新管理方法，降低成本，才能安身立足。

三

阿联酋建筑建材领域投资分析

【阿联酋建筑业投资机会】

2008 年阿联酋建筑业占 GDP 比重为 10.6%，2011 年为 10.3%，未来阿联酋依旧领跑海湾市场。到 2030 年，海合会国家规划项目合同总额预计达 2.5 万亿美元，将成为世界上最大的市场。阿联酋市场项目数占其中的 22%，建筑项目数占 34%。

迪拜未来项目的 91% 为房建项目，预计到 2020 年，迪拜多用途建筑项目总额将达到 630 亿美元，住宅项目达 126 亿美元，酒店及度假村项目达 66 亿美元，零售项目达 52 亿美元，公园项目达 29 亿美元，办公楼项目达 13 亿美元，医院及诊所项目达 12 亿美元，其他项目达 12 亿美元。

【未来阿联酋建筑业将保持稳步增长】

对基础设施、商业及住宅项目、能源项目的持续投资将推动阿联酋建筑业在 2015 年至 2019 年保持继续增长，预计年均实际产值增长率为 6.52%，高于 2010 年至 2014 年 3.55% 的水平。因举办 2020 年世博会等带来的基础设施发展投资是推动建筑业增长的主要动力。此外，阿联酋稳健的经济增长、重要的战略地位和庞大的消费基础都将对投资者产生吸引力。尽管总体发展趋势乐观，但考虑到阿联酋 31% 的财政收入来自油气领域，油价的下跌对于建筑业远期前景存在影响。高速路、街道、机场等交通基础设施的建设翻新工程需投入 430 亿美元。

【建材价格下降对阿联酋建筑成本的影响】

以钢铁和水泥为代表的建材价格自 2014 年下半年开始随国际油价一同下跌，2014 年第三季度迪拜钢铁价格同比下降 7.67%，同季度水泥价格同比未出现明显变化，但在第四季度出现下降。建材价格对建筑成本的影响已开始显现，2015 年初阿布扎比及迪拜的多层建筑每平方米建筑成本由 4100 迪拉姆（约合 1116.4 美元）下降至 3840 迪拉姆（约合 1045.6 美元），沙迦建筑成本由 3900 迪拉姆（约合 1061.9 美元）降至 3750 迪拉姆（约合 1021.1 美元），其他酋长国由 3800 迪拉姆（约合 1034.7 美元）降至 3600 迪拉姆（约合 980.3 美元）。

考虑到目前在建项目仍按合同签署时建筑价格执行，建材价格下降对阿联酋建筑成本的影响还有限。由于建材价格下降与国际油价下跌关系密切，而外界普遍预测油价下跌不会持续太久，所以一些开发商加快项目建设进度，以期尽可能利用建材价格下降带来的红利。此外，由于竞争激烈，承包工程利润率已由5年前的10%—15%下降至4%。

【阿联酋水泥行业概述】

2000—2005年，阿联酋国内水泥产量一直保持着稳定增长，2005年的水泥年产量达到800万吨，之后的2006年，水泥产量迅速增长，到2008年则达到了一个峰值——2190万吨。本轮水泥产量迅速增长的主要原因是阿联酋和海湾国家建筑项目的蓬勃发展。而在2009年，受全球经济危机影响，许多建筑工程被迫暂停，水泥产量跌到了1890万吨，2012年为1700万吨。但从2012年开始，阿联酋的水泥产量再次呈现增长态势。

经济危机也给阿联酋造成了一个严重的问题——产能过剩，由此，阿联酋也成为水泥净出口国。2012年，阿联酋的水泥出口国有11个，其中包括伊拉克、阿曼、莫桑比克、苏丹和坦桑尼亚等。2012年，国内水泥年消费量只有1500万吨，而产能却达到了4000万吨（熟料产能为2680万吨）。这种产能过剩局面的形成一定程度上是源于2007—2009年阿联酋兴起的绿色水泥厂的建设。

阿联酋现有12个综合性水泥厂、8个水泥粉磨站，总共17个水泥生产商。水泥总年产能为3944万吨（综合水泥厂水泥产能为2900万吨，粉磨站产能为1044万吨）。约一半的水泥产能（1330万吨，占总产能的45.9%）位于哈伊马角，大多数粉磨站位于迪拜（年产能为444万吨）和阿布扎比（年产能为510万吨）。

阿联酋没有水泥协会，仅有一个水泥网站会发布一些有关阿联酋和中东国家的水泥行业信息。从该网站获悉，阿联酋的水泥产品包括 42.5 水泥和 52.5 水泥、抗硫酸盐水泥、油井水泥、矿渣水泥、混合水泥和白水泥。

【阿联酋水泥生产商的发展】

2014 年，阿联酋共有 17 个水泥生产商。跨国水泥公司如拉法基、豪瑞、Ultra Tech 水泥（印度博拉集团）、Binani 和西麦斯在阿联酋的水泥市场均占有少许份额，本土企业依然是主角。

阿尔坎建材公司（Arkan）：阿联酋最大的水泥生产商，由阿布扎比政府所有，在阿布扎比的阿莱茵地区建有一家年产能为 100 万吨的水泥厂。2014 年 11 月，公司又在阿布扎比的阿尔坎（Arkan）地区耗资 3.54 亿美元新建了一家国内最大的水泥厂（熟料年产能为 400 万吨、水泥年产能为 570 万吨）。阿莱茵水泥厂的原料采购均来自阿莱茵和阿曼的采石场。并且，阿尔坎建材公司的主要市场在国内，预计 90% 的水泥在国内销售，其余则销往海湾国家。

2013 年，阿尔坎建材公司营业收入为 4530 万美元，较 2012 年的 4970 万美元有所减少，这主要受制于市场竞争加剧带来的价格大幅下跌。也因此，在销量维持稳定的情况下，2013 年公司利润从 2012 年的 1430 万美元降到了 832 万美元。

联合水泥公司（UCC）：作为阿联酋的第一个水泥生产商，联合水泥公司始建于 1972 年，正式投产开始于 1975 年，水泥年产能为 480 万吨，位于哈伊马角。联合水泥公司目前是阿联酋第二大水泥生产商，现有 4 条旋窑熟料生产线（两条 750t/d，一条 2000t/d，一条

10000t/d）和 6 台磨机。联合水泥公司也是阿联酋唯一的一个油井水泥生产商。

在阿联酋建筑市场逐渐回温的当下，联合水泥公司利润颇丰。2014 年前 6 个月，联合水泥公司净利润为 1620 万美元，实现了同比增长 181%（2013 年同期为 576 万美元）。其中，2014 年第二季度净利润为 1120 万美元（2013 年同期为 422 万美元）。

拉法基 Emirates 水泥公司：始建于 2005 年，是一家合资公司（拉法基和迪拜投资集团合资），水泥年产能为 320 万吨，位于富吉拉（Fujairah），是阿联酋第三大水泥厂商。

Fujairah 水泥公司：建于 1979 年，位于富吉拉（Fujairah）的迪巴。1995 年，该水泥厂进行了第一次扩张，水泥产能由 50 万吨提高到了 82.5 万吨。在随后的 1998—2004 年间，公司产能不断扩大，到 2004 年达到了 150 万吨。2007 年，得益于建筑热，该水泥公司在现有的水泥厂附近新建了一条 7500t/d 熟料生产线，于 2010 年正式投产。在此之前，Fujairah 公司水泥共有两座立窑和 3 台磨机。目前，Fujairah 水泥公司的熟料年产能为 400 万吨，粉磨能力为 230 万吨左右。

海湾水泥（Gulf Cement）：位于哈伊马角，建于 1977 年，1981 年正式投产。2005—2006 年，海湾水泥建了第二条旋窑生产线，总熟料年产能达到了 380 万吨。目前，该水泥厂有两座窑和两台水泥磨机。水泥厂燃料主要为天然气、煤炭和石油，并且有个 33MW 的余热发电系统。

2013 年，海湾水泥销售额为 1.7 亿美元（2012 年为 1.65 亿美元）。其中，国内销售额为 4760 万美元，出口销售额为 1.22 亿美元。2012 年国内销售额为 6790 万美元，出口销售额为 9740 万美元。2013 年，公司实现净利润 1870 万美元，较 2012 年的 1830 万美元有所增长。2014 年前三季度，海湾水泥实现营收 1.25 亿美元，同比增长 17%；净利润为 1240 万美元，同比下降 62%（2013 年同期净利润为 2010 万美元）。

Star 水泥：是印度 Ultra Tech 水泥的全资子公司。水泥厂位于哈伊马角，水泥年产能为 240 万吨。此外，公司的两个粉磨站分别位于阿布扎比（年产能为 120 万吨）和阿治曼（年产能为 90 万吨）。Star 水泥的水泥厂数量是阿联酋最多的。

Sharjah 水泥：始建于 1977 年，位于沙迦，年产能为 200 万吨。2014 年上半年，公司销售额为 1.04 亿美元，同比增长 18.7%（2013 年同期为 8800 万美元）。2014 年，公司净利润为 850 万美元，同比增长 135%。销量的增长部分得益于出口的增长，更多的是投资收入的不断增长。

Pioneer 水泥工业公司：建于 2004 年，2006 年投产，位于哈伊马角，水泥年产量为 170 万吨。Pioneer 水泥公司是阿联酋最年轻的水泥公司。2011 年 1 月，阿曼的 Raysut 水泥公司以 1.72 亿美元收购了 Pioneer 水泥公司。近些年，Pioneer 水泥公司比较醒目的成就便是将粉尘排放量降低到了 $20mg/m^3$。

国家水泥公司：该公司在迪拜建有一个年产能为 150 万吨的水

泥厂，建于 1968 年，是阿联酋最小的综合性水泥厂。

【大型基建工程】

经济危机之后，阿联酋国内有很多大型基建项目重新开工。受这些基建项目的带动，水泥等建材需求将会继续保持增长态势。

阿联酋 Etihad 铁路网络：投资 110 亿美元，铁路线长 1200 公里，将贯穿整个阿联酋，并连接重要地区，如阿莱茵和麦迪纳特扎耶德（Madinat Zayed）。该工程现已进入第二阶段的建设。

迪拜机场：2014 年 9 月阿联酋宣布将投资 320 亿美元，扩建迪拜的阿勒马克图姆国际机场。2014 年 12 月，该机场赶超伦敦希思罗国际机场，成为世界上接待旅客数量最多的机场。

阿布扎比国际机场：建设于 2013 年开始，预计 2017 年完成。

迪拜电车：车程长达 7 千米，第一阶段的建设于 2015 年第一季度开始。

2020 年迪拜世博会：2020 年世博会将在迪拜的 Jebel Ali 举行，场地面积为 4.38 平方公里。工程施工计划完成之后，2015 年开始建设。

【阿联酋水泥产业面临的问题】

阿联酋水泥产业目前面临产能过剩、能源成本上升、进口产品竞争激烈、环保标准执行不一等问题。

首先，目前全国 20 家水泥厂总产量为 4200 万吨 / 年（应指成品水泥和熟料总产量，下同），国内需求仅为 1200 万吨 / 年，过剩产能达3000万吨/年。大部分本地水泥厂只有一条生产线，无法灵活调整工厂产能，暂停生产将导致人力成本上升。在此局面下，本地水泥厂的扩建计划出现推迟甚至停止。其次，天然气价格上升导致生产熟料成本上升，电力价格上升也导致水泥整体成本上升。再次，2014年阿联酋进口水泥20.1万吨，当地水泥生产商指这些进口产品带来不公平的价格竞争，导致当地水泥产品需求量下滑。最后，水泥生产商在替代能源的使用以及环保标准执行力度上存在不同，导致生产商的投资力度不一，这种投资力度的差异主要体现在对环保设备的采购规模上。

【中国投资阿联酋建筑建材市场的策略】

1. 保证产品质量，打造自有品牌

中国建材产品如仿石抛光砖、仿古砖、卫浴五金等在中东市场上较受欢迎，生产此类产品的中国大型建材企业或名牌产品可以选择直接打入中东市场，初期可以使用合作商的商标，然后逐渐过渡到设立自己的展厅来宣传品牌。中国建材产品质优价廉，在中东地区比欧洲产品更有竞争力，中国企业应针对中东建材市场的实际需求和特点，出口适合当地伊斯兰教价值观和风俗习惯的产品。

面对一些产品在阿联酋市场低价竞争的现象，中国建材出口企业应严格按照ISO9000系列标准，严把质量关，并按照当地的法规做好售后服务，对耐用产品如瓷砖、卫生洁具、水龙头等规定质量保证期，严格履行合同，保证质量和交货期，避免低价倾销。

2. 参加当地专业贸易展会

阿联酋当地著名的建材类展会主要有中东建筑五大行业博览会（BIG5）、中东国际工程机械、建筑机械和设备展（PMV）、中东（沙迦）国际工程机械展（CONMEX）、中东国际卫浴洁具博览会（ISH Kitchen & Bathroom Gulf）、中东国际五金工具博览会（The Middle East's Leading Trade Show for Hardware & Tools）、阿联酋迪拜国际汽车零部件展览会（Automechanika Gulf）、阿布扎比海湾建材展（Building Futures Gulf by BATIMAT）。这类专业贸易展会的主办方每年都会根据阿联酋当地建材市场的特点调整展区的展品内容和分布方案，同时利用庞大的买家数据库资源帮助参展商实行“商务配对（Matchmaking）”活动，把买卖双方的需求经过筛选后进行组合，以促进买家与卖家之间的签约率。国内专业从事组展服务的公司，如中展海外展览有限公司等具备组展办展的丰富经验和对当地市场的了解，能为企业参展提供系列服务，是国内企业赴阿参加各类专业展的首选合作伙伴。

阿联酋对建材的进口一般没有限制，关税为5%，没有其他任何税费，但是由于当地进口商喜欢亲自检查货品，然后才会进行交易，因此有意打入阿联酋市场的中国建材企业最好能够通过专业贸易展会的平台向买家展示产品，借以争取合作意向。按照此类建材专业贸易展会主办方以往的经验，去中东地区参展的中国企业中有三成左右能够当场与客户签下订单，绝大部分企业均能确定贸易及合作意向。中国商人们以其过硬的商品质量、诚信的经营理念，正迅速成为中东地区较有影响力的供应商。

3. 通过当地建材销售代理或直接在当地设立分公司

中国建材生产企业进入阿联酋市场也可选择代理。选择代理商应该选择那些营销网络健全，有能力参与竞标的当地公司。这些代理公司或将产品直接出售，或批发给小型零售商。阿联酋实行的是独家代理制，因此选择代理一定要谨慎，一旦选择错误可能导致产品在这个市场上销售失利。有实力的中国建材企业最好在阿联酋设立分公司，及时了解建设工程方面的信息，积极参与工程项目的招投标，把生产的建材产品直接应用到工程项目中去。

4. 在当地建设大型中国建材超市

中国国内目前的建材市场竞争激烈，适时“走出去”对拥有丰富货源的中国建材供应或销售商来说是一个不错的选择。到目前为止，阿联酋并没有一个形成规模和规范的建材市场，大小不一的商铺以露天或门面店零散经营的方式分布，且由于周围地域已被其他行业占据，已无更大的发展空间，同时产品种类单一。因此，阿联酋政府急切需要尽快改善目前建材市场比较混乱、缺乏统一管理的局面，中国建材供应商可以借助阿联酋政府的支持实施计划。

在海湾地区兴建大型建材超市，既可满足当地的市场需求，同时也为国内的建材企业扩大出口、开辟海外市场搭建了广阔的平台，意义十分深远。但需要注意的是，这类建材超市应当采取统一进货、统一定价、统一经营、统一管理的商业模式，即在中国进行招标采购后，所有的商品都将打上统一标识在阿联酋当地销售，因此独个的建材提供商将不再享有定价权。

四

阿联酋旅游业投资分析

【阿联酋旅游业竞争力】

世界经济论坛发布2015年全球旅游业竞争力排名，阿联酋在141个参评国家中位列第24位，较2014年上升了4位。2014年阿联酋旅游业对国内生产总值贡献153.7亿美元，贡献率约为4%，较2013年（3.1%）明显提升。

为推动旅游业发展，迪拜政府制订了2020年发展规划。根据该规划，到2020年，迪拜将接待2000万游客，旅游业总收入将达3000亿迪拉姆（约合822亿美元）。

此外，举办2020年世博会也会使迪拜旅游业迎来新一轮高速发展期。从全球范围来看，欧洲仍然是第一大旅游目的地，占全球几乎50%的旅游市场份额。

【阿联酋旅游市场现状】

尽管面临地区政局动荡以及美元加息等问题，迪拜旅游业仍保持健康发展，以游客人数统计，迪拜位列2015年世界第四大旅游城市。2015年迪拜过夜游客为1420万人次，同比增长7.5%。其中，2015年中国游客人数同比增加29%，达45万人次。海合会国家是阿联酋最大的游客来源地，2015年游客人数达330万，同比增长12.8%。其中沙特（154万）和阿曼（100万）位居前两位。尽管阿联酋货币迪拉姆与美元挂钩，西欧仍是第二大游客市场，2015年游客人数攀升6.1%至300万。其中英国游客人数增长11%至120万，德国游客人数增长7%至46万，法国游客人数略有下降，意大利游客人数则基本持平。南亚是第三大游客来源地，2015年游客数量增长21.7%至230万。印度为迪拜最大的游客市场，2015年游客数量同比增长26%至160万。巴基斯坦游客人数同比增长11%至51.3万。其他国家和地区中，菲律宾游客为32.5万人次。海合会之外的中东和北非地区同比增长1.3%至160万人次。

【阿联酋旅游收入分析】

2015—2020年阿联酋旅游收入每年将增长4.1%。2020年将实现旅游收入达216亿美元。预计阿联酋在未来五年（2015—2020）将在旅游领域投资520亿美元，其中迪拜占总投资额的37%，阿布扎比占20%。

2015 年阿联酋旅游业产值为 364 亿美元，未来五年旅游业在阿联酋 GDP 的贡献额将达 2408 亿美元。预计未来五年游客在阿消费总额将达到 1590 亿美元。目前迪拜共有 93000 家酒店，相比 2014 年增长 13%，2020 年迪拜酒店数量将增加至 16 万家，阿布扎比将增至 2.84 万家。目前旅游业直接解决了 324000 个就业岗位。

【阿联酋滨海旅游业分析】

阿联酋政府重视发展旅游业，其已成为阿联酋经济结构多元化发展的支柱行业之一。

滨海旅游业是指主要活动在滨海地区、海上、海底、海岛的旅游业，以旅游者为主体、以滨海旅游资源和旅游设施为客体、通过旅游者的流动表现出的一种社会经济文化活动，包括食、住、行、游、购、娱等六大要素。阿联酋的自然地理风貌，一边是烈日炎炎的沙漠，而另一边则濒临阿拉伯湾，各主要城市大都傍海而筑。由于沿海地区风光旖旎，交通便利，故每年都有数量可观的外国游客前来观光旅游。

阿联酋人依靠、利用海岸资源发展旅游业，经过多年努力，现已把滨海旅游业发展成为仅次于“黑色金子”石油的又一重要经济来源。因此，海岸在阿联酋享有“蓝色金子”之美誉，它是阿联酋旅游业的生命线。阿联酋旅游业发展特点包括三个方面：

一是政府主导，多方参与，旅游投资力度大，与旅游业相关联的航空业、批发零售业、酒店宾馆业、道路交通、网络通信等均具世界一流水平；

二是旅游经营注重品牌化、多样化、可持续发展，以豪华奢侈、免税自由、舒适休闲、民风民俗等为主题，开发符合各个消费层次、消费群体的旅游项目；

三是依托湛蓝天空、清澈海水、金色大漠、地理位置优越等自然禀赋，在旅游开发上力求最大化人才、科技、资本和市场的作用。在阿联酋旅游，不仅可以感受到世界顶尖的管理体制和服务理念，而且可以领略到世界各民族在这里的交往融合与共同发展。

阿联酋旅游业的发展离不开海洋，早在1962年，其石油工业尚未大规模发展之前，阿布扎比的“海岸宾馆”就已破土动工，其海岸旅游服务业的宾馆酒店建设远远走在了世界前列。随着石油收益的提高，国家财政出现了盈余，阿联酋更是加大了投资，建设了大批豪华高档海滨度假酒店，成为世界各地游客趋之若鹜的度假胜地，如闻名遐迩的世界第一家七星级酒店——迪拜帆船酒店、高科技海下酒店——亚特兰蒂斯酒店、世界最高摩天大楼——哈里发塔。阿联酋酒店业入住率总体上达到75%—90%。

阿联酋海洋旅游业发展最突出的特色就是大规模填海造岛、扩岛、扩修滨海大道，不惜耗巨资建造人工沙滩，在海滩下面铺设安装吸热管，冷却沙滩表面温度以适宜游人行走，地表上配合使用大型风力发电机组人工制造岛屿凉风。朱美拉棕榈岛、杰贝阿里棕榈岛、代拉棕榈岛和世界岛等4个人造岛被称为“世界第八大奇迹”。随着迪拜取得2020年世博会的主办权，预计赴阿联酋旅游人数年增长率将达 10%，超过国际旅游市场 5%—6% 的增长速度。

【开发阿联酋旅游市场的意义】

我国与中东国家的旅游交往起步较早。先后成为中国公民出境旅游目的地的中东国家有埃及（2002 年）、叙利亚、阿曼（2007 年）、阿拉伯联合酋长国（2009 年）、黎巴嫩（2010 年）。近年来，中国与中东国家经济交往与人员往来日益密切，中东国家有可能成为中国重要的入境游客源地和旅游目的地。其中，以迪拜为标志的阿联酋旅游迅速崛起，阿联酋旅游在中东地区的地位日益上升，与我国的旅游交流在快速推进。研究中东地区特别是阿联酋旅华游客的意愿与行为显得十分重要。

1. 中东地区在世界旅游格局中的地位不断上升

在世界旅游组织中，中东地区与亚太、欧洲、美洲、非洲共同组成世界五大旅游区。世界旅游组织统计体系中的“中东地区”包括巴林、埃及、阿拉伯联合酋长国和也门等 14 国，人口共 2.28 亿，绝大多数为阿拉伯人，大多信仰伊斯兰教。历史上，这里是“古丝绸之路”的重要一段、东西方经济文化的通道。

半个多世纪以来，沙特阿拉伯、科威特、阿联酋等国依托丰富的石油资源，成为高收入国家。中东地区是基督教、伊斯兰教和犹太教的发源地与圣地，具有独特的民俗风情、众多的宗教文化古迹，以及海滨、沙漠、死海等奇特的自然景观，是一块传统与时尚传承、开放与封闭并存、富庶与贫瘠交织的神奇土地。主要旅游产品有伊斯兰文化之旅、历史遗产之旅、时尚休闲度假之旅。

中东地区在世界旅游格局中的地位逐年提升。1950 年接待的国际旅游者占世界总数的 0.9%，2013 年上升为 4.7%；1950 年国际旅游收入占世界总额的 1.2%，2013 年上升为 4.1%。2005—2013 年，中东地区国际旅游年均增长 4.5%，高于 3.3% 的世界平均水平。世界旅游组织预测，2010—2030 年，中东旅游业年均增长率为 4.6%，超过 3.3% 的世界平均水平。预计到 2023 年，中东接待国际旅游者人数将达 1.49 亿人次、占世界旅游市场总额的 8.2%；中东地区的出境旅游将以年均 5.6% 的速度增长，2020 年中东地区的出境旅游人数将达 3500 万，为 1995 年的 4 倍。中东地区将成为重要的国际旅游目的地与客源地。

2013 年，中东地区接待国际旅游人数前五位的国家依次是沙特、阿联酋、埃及、约旦和黎巴嫩；旅游外汇收入前五位依次是阿联酋、沙特、埃及、约旦和卡塔尔。

2. 阿联酋作为中东地区的旅游新星正在崛起

阿联酋位于阿拉伯半岛东部，成立于 1971 年 12 月，由阿布扎比、迪拜、沙迦、哈伊马角、富查伊拉、乌姆盖万和阿治曼等 7 个酋长国组成，有“油海七珍”之称。国民经济以石油生产和石化工业为主。人口 826 万，其中外籍人占 88.5%，居民大多信奉伊斯兰教，多数属于逊尼派。官方语言为阿拉伯语，英语为通用语。2014 年国内生产总值为 4197 亿美元，人均 GDP 为 7.2 万美元，是中东地区最富有的国家之一。

高收入是国民出境旅游业的经济基础，阿联酋国民出境旅游相当普遍。2000年阿联酋出境旅游支出为30.19亿美元，2010年达118亿美元，居世界第24位。超八成的阿联酋人有过出境旅游经历，其中有3次以上海外出境游经历的超三成；接近七成的人对家庭收入满意；五成人认为现在是出境旅游的好时机，出境游意愿处于中等偏上状态。

原始与时尚并存、坚守与开放同行是阿联酋的一大特点。伊斯兰教传统和部族社会是阿联酋社会的基础，沙漠中的骆驼与城市的汽车同样重要，妇女与男子享有一样的读书与工作权利，城市中神话般矗立的新奇建筑为世人瞩目。世界上不同国家、民族和文化的人们在阿联酋旅游，可以得到从游牧文明向现代文明跨越的惊奇印象和独特体验。

阿联酋首都阿布扎比，以现代都市观光为特色，新建的清真大寺和体现原居住民生活的民俗村十分吸引人。从海面上腾空而起的迪拜已成为全球闻名的国际名城，帆船酒店、世界第一高楼哈里发塔，以人工填海方式建造的3座棕榈岛以及由世界地图形状组成的300个“世界岛”被誉为“阿拉伯之星”，成为世界滨海休闲度假的新宠。

目前迪拜积极实行经济多元化战略，利用资金、区位和旅游优势，把发展国际会展业作为经济转型的重要推手，通过会议展览经济带动娱乐业、酒店业、金融业及房地产业全面发展。迪拜专门成立了会展部（DCB），负责统筹规划会展资源，开展全球市场宣传推广。该机构已在美国、英国、法国等 14 个国家和地区设立办事处，提供 12 种文字的迪拜商旅指南，大力宣传迪拜优惠的商贸政策与开放包容的城市文化。迪拜创造了从游牧经济向工业经济跨越，再从工业经济向现代服务经济飞跃的奇迹。

3. 中国与阿联酋旅游交往在快速推进

1984 年中国与阿联酋建交，2012 年建立战略伙伴关系，两国经济文化交流逐步增加，阿联酋是中国在阿拉伯世界最大的出口市场。2009 年 9 月，阿联酋正式成为中国公民组团出境旅游目的地，赴阿游客数量快速增长，2011 年为 20.34 万人次，2012 年为 23.6 万人次，2013 年达到 26.3 万人次，中国成为阿联酋第十大客源市场，阿联酋成为中国出境旅游第 21 位的目的地国家。在阿联酋有过来华旅游经验的被访者中，旅行目的以商务会议为多，40 岁以下年龄段的人群超过七成；来华旅游的方式选择“全包价旅游团”的最多，参加旅游团的接近七成。在华旅游时间偏短，逗留时间在 3 天以下的为四成，超过一周的只有三成。走访过一座和两座城市的游客总计近八成，但旅游花费不低，五成超过 2000 美元，其中 3000 美元以上的占三成。被访者对中国旅游整体体验表示满意的有 78.4%。

总体来看，阿联酋游客的来华旅游满意度处于中等水平。

在来华旅游意愿方面，表示“没有兴趣”和“没什么兴趣”的占七成，表示“没有去过，以后打算去”和“去过，以后还打算再去”的只占三成。可见阿联酋人来华旅游兴趣不高，主要原因首先是“语言不通”，占比超过四成；其次为担心食品安全问题、空气污染、费用高和签证不便。除列举的这些外，对中国了解不多、相应的旅游服务不足也是重要因素。

基于上述分析，对于阿联酋旅游产品和客源市场的开发，应该从以下几个方面进行深入研究，并采取有效措施：

1. 旅贸结合，借经贸之“船”助旅游出“海”。可结合两国经贸的迅速发展，通过输出“中国制造”的商品，增加阿联酋人民对中国的了解，促进来华旅游，并通过来华旅游的“中国服务”，加深对中国的印象，带动两国经贸发展。

2. 文旅结合、文化互通，加强中国旅游的文化吸引力与亲和力，给阿联酋游客以强烈的异域文化体验。阿联酋游客对中国旅游景区认知度较高的依次是万里长城、故宫、西湖、长江三峡、苏州园林和少林寺等。显然，中国文化应是对阿联酋市场的主打旅游产品。同时，在中国不少地方仍保存着许多伊斯兰文化遗迹，泉州、扬州和三亚的伊斯兰墓葬群，可择优开发成面向阿联酋游客的旅游景物，增强亲切感与亲和力。宁夏、新疆等回族、维吾尔民族聚居的地区，伊斯兰文化集中，更要加大对阿联酋市场的开发力度。

3. 观光休闲与商务会议结合，扩大入境市场。阿联酋来华游客中，观光休闲的近五成，出差、商务、会议的超过四成，两者构成旅游需求主体。阿联酋游客感兴趣的中国旅游因素中，优美的自然风光占的比例最高，其次是悠久的历史。对商务会议游客要提供优质的观光休闲配套服务，延长旅游服务链，使观光休闲与商务会议相互促进。

4. 出境与入境结合，促进对中国的了解。目前赴阿联酋旅游的中国游客迅速增长，而且大多为高端消费者，在阿联酋卷起了一股“中国风”。出境游客是宣传中国、让目的地国家民众了解中国的鲜活载体。以出境旅游带动入境旅游，使出境旅游与入境旅游互相促进，是促进来华旅游的有效途径。

5. 完善硬件与优化服务相结合，提升游客满意度与返游率。阿联酋游客消费能力较高，对旅游接待设施的要求较高，同时对伊斯兰信仰与习俗的敏感度高，有许多特有的礼仪、习俗与爱好，在旅游接待中必须高度尊重他们的礼仪习俗。在伊斯兰信众旅游较集中的城市，设置专门宾馆、餐厅，配置专用设施，如礼拜厅、清真餐厅等。在阿拉伯语的语言环境营建方面需要着力加强，可先从与阿拉伯文化和伊斯兰遗迹相关的目的地做起。

6. 互联网与旅行社相结合，线上线下共同构建旅游服务系统。阿联酋现代通讯和互联网服务相当普及，2014 年手机保有量达 1750 万部，固定电话超过 210 万部。互联网接入用户超过 110 万户，其中宽带用户超过 100 万户。阿联酋人获取中国旅游信息的途径，互联网占比为六成，电视为三成，旅行社和代理商为二点五成。同时，来华旅游选择全包价旅游团和半包价旅游团的接近七成，这两种状态将长期共存，而且趋向融合。通过互联网宣传、预订，依托旅行社的接待服务，将是外国人入境旅游的主流趋势。线上线下结合，向游客提供灵活多样的服务方式，实现线上订购、线下接待无缝对接，需要中国在线旅游企业与传统旅游企业携手合作、共同努力。

7. 促销面向城市与面向中高端群体并重。阿联酋是高收入国家，也是城乡差别巨大的国家。常住人口中外籍人口占九成，绝大多数住在城市。旅游中心城市迪拜，常住人口为226.2万人，约占全国人口的五分之二，每年还接待游客近千万人次，人口密集度高。首都阿布扎比人口为66万，占全国人口1/10。旅游宣传促销应以迪拜为中心开展，既针对阿联酋人，也针对外来人士，能收到事半功倍的成效。中东地区是“古代陆上丝绸之路”与“海上丝绸之路”的交汇之处，也是当今“一带一路”战略的重要组成部分。虽然目前来华游客占阿联酋人口的比例不高，在我国入境游客中的比例也不高，但从长远看，开发阿联酋客源市场具有先导与战略意义。阿联酋旅游在中东地区以至世界上的声誉与影响日益扩大，可以成为打开中东旅游市场的突破口和促进“一带一路”战略的一步棋。若从我国入境旅游市场的全局看，穆斯林市场至今仍是薄弱环节。在接待阿联酋游客中，可以积累经验，完善设施，提高接待穆斯林客源市场的能力。这是建设世界旅游大国、强国的题中应有之义。

本章要点

阿联酋将加大在绿色能源领域的投资，预计到2021年总投资额将达到350亿美元。

截至2014年底，阿联酋石油剩余探明可采储量为978亿桶，约占世界总储量的6%，居世界第七位，这其中94%集中在阿布扎比酋长国，剩余6%集中在其他6个酋长国，迪拜探明的可采储量为40亿桶。

阿联酋作为海湾地区建筑业重要的支柱和贸易中心，有着非常良好的投资环境，主要表现在以下几点：地理位置优越、奉行自由的贸易政策、几乎没有任何税收、基础设施完善、工程项目市场发展迅猛。

阿联酋劳动力的主要特点有：劳动力人口由多个民族构成；劳动力分布行业和职位差异大；劳动收入差距很大；技术水平和积极性差异大。

目前，阿联酋启动的大型基建工程主要包括阿联酋Etihad铁路网络；迪拜机场；阿布扎比国际机场；迪拜电车；2020年迪拜世博会。

中国投资阿联酋建筑建材市场的策略包括保证产品质量，打造自有品牌；参加当地专业贸易展会；当地建材销售代理或直接在当地设立分公司；在当地建设大型中国建材超市。

世界经济论坛发布2015年全球旅游业竞争力排名，阿联酋在141个参评国家中位列第24位。

以游客人数统计，迪拜位列 2015 年世界第四大旅游城市。2015 年迪拜过夜游客为 1420 万人次，同比增长 7.5%。其中，2015 年中国游客人数同比增加 29%，达 45 万人次。

AE UNITED ARAB EMIRATES

第五章

投资贸易操作指南

05

知己知彼　亦步亦趋

孙子曾说："知己知彼者，百战不殆"，这句话被很多商人奉为金科玉律。在世界高度一体化的今天，信息的总量和传播速度正在以一个令人咋舌的方式迅速增长，对于身处异国他乡的企业家来说，知己知彼显得更加重要。

在笔者看来，知己知彼只是开始，是过程，收集信息之后更重要的是分析信息和做出判断。当然，个人的判断总是不免或多或少具有主观性，但在投资贸易决策上，形成一套较为稳定可靠的信息处理方式和决策判断标准，是十分有必要的。举个例子，在一些中国人的眼里，阿拉伯商人的风格是比较精明细致的，甚至在很多细节上十分苛刻，底线被触犯之后很可能会当场走人。但从另一个角度来讲，阿拉伯商人是极为精明的，对现货交易的热爱几乎发自骨髓，对一些重点内容和细节的把控都是民族性格的重要体现。分析特点只是第一步，做出判断、提供决策依据是第二步。针对苛刻细节的特点，在投递标书的时候就一定要比对方更加细致，细节工作做得好可能就有印象上的加分，出一次错可能就丢掉了一个合作伙伴，甚至一个市场，但锦上添花的工作成果通常会赢得相当真诚的赞许。阿拉伯人的民族性格通常是比较率直、暴烈，但这也并非全然都是劣势，相对于欧洲人习惯于开大大小小的会议纠结不必要的细节，阿拉伯人可能很快就有“yes”或者“no”的回答，不浪费时间，不影响效率，更加适合中国人务实的脾气。

“亦步亦趋”是什么意思呢？当然并不是说要跟着大户、跟着政策见风使舵，投机取巧，但对于对外投资贸易工作来说，保持敏锐的嗅觉，尤其是对风险的敏感度，是非常重要的。所谓的“令行禁止”，在国外尤其重要。企业不重视工会作用，不在乎职工权益，最终被工会查处的事例比比皆是，在很多国家都有发生。相对于国内的商业行为，跨国投资或者对外贸易的每个环节都容不得马虎，信息不对称所带来的风险，会在国外被数倍地放大，最终造成严重后果。

在这一章，我们不厌其烦地列举了在阿联酋可能出现的政治、社会、法律风险和应对建议，目的就是尽可能帮助企业规避常见风险，保持健康平稳发展。事实上，在外国开一家“百年老店”，甚至十年老店都是很不容易的，但发展是盈利的前提，合法合规是发展的前提，只要投资贸易行为始终合理合法，遵守国际的规矩，在当前的经济条件下，发展壮大都是可以预见的。

一

投资贸易政策法规

【贸易主管部门】

阿联酋联邦政府负责对外贸易投资管理的部门主要是经济部。经济部的职能主要包括：制定经济贸易政策；制定规范经济贸易活动的法律法规；检测经济运行情况，保护消费者权益；管理国内投资，吸引外资；协调政府部门和企业间的关系。

除经济部外，阿联酋7个酋长国均设有工商会，工商会属半官方机构，主要职能包括：贯彻执行本酋长国有关工商业政策；管理本酋长国私人公司和企业，负责公司和企业的登记注册，发放营业执照和工商会会员证书等事宜；为本酋长国工商会会员提供有关经济贸易和市场等方面的信息，介绍客户。7个酋长国工商会联合组成阿联酋联邦工商会（FCCI），总部设在阿布扎比，主要负责协调各酋长国工商会之间的关系、组织参加酋长国间工商会活动、推动阿联酋企业家对外交往与合作。

【贸易法规体系】

阿联酋是松散联邦制国家，除国防、外交相对统一外，经济、贸易、投资等方面各酋长国自成一体，联邦政府的一些法律在一些酋长国未得到严格执行。阿联酋实施自由经济政策，对外贸易进出口自由。除军事装备和武器由政府统一进口外，对一般消费品和机械设备等没有限制。政府大型项目采购由政府统一招标进口。阿联酋现行有关贸易的法律主要有公司法、商业代理法、商标法、保险法、审计法及商业交易法等。近几年来，为适应新的经济形势需要，阿经济部牵头修订包括公司法、投资法、破产法、知识产权法等在内的10部法律，其中新的联邦《商业公司法》已于2015年4月颁布，其余也将陆续出台。

【贸易管理的相关规定】

根据阿联酋《商业公司法》规定，除在自由区内设立公司或经相关部长与部门协商并报请内阁批准后允许作为例外处理的公司，一般来讲，外国公司不得在阿联酋境内直接从事经营活动。只有通过阿联酋公民或由阿联酋公民完全所有的企业法人作为保人或代理，外国公司方可从阿联酋经济部取得营业执照。

根据阿联酋《商业代理法》有关规定，外国公司可以在阿联酋境内委托一家代理，也可在一个或几个酋长国委托一家代理，但不得在一个酋长国委托多家代理。双方必须签订书面代理协议。外国公司在阿联酋境内以代理的名义销售产品和提供售后服务。没有合理的理由，外国公司不得任意终止代理协议。除非原代理协议到期失效或双方同意解除原代理协议或经法院判决解除原代理协议，否则，外国公司不得更换代理人。代理协议终止所造成的任一方的损失，可以要求另一方补偿。

【进出口商品检验检疫】

阿联酋采用与海合会标准基本一致的进口商品标准，除对影响公共生活、健康、安全、环境的商品控制较为严格外，其他进口商品准入标准相对宽松。

在食品进口方面，阿联酋实行严格的检验检疫制度。一旦世界卫生组织宣布哪个国家有某种疫病，或海湾合作委员会总秘书处宣布禁令，阿联酋便宣布禁止从该国进口相关产品。此外，阿联酋各酋长国政府均有权视具体情况对当地口岸的进口产品实施进口禁令。所有进口食品需提供相关单证，符合联邦有关法律对有效期、标签等方面的规定，在确认单证无误、标签与日期符合规定且实地检验合格后方可入关。清真食品必须符合伊斯兰教对屠夫、被宰杀动物、宰杀工具及方法等方面的要求，并获得阿联酋驻出口国使领馆或其授权机构、阿联酋有关机关认可的伊斯兰组织颁发的认证。阿联酋进口食品监管部门有环境与水资源部、阿布扎比食品管理局、各酋长国市政厅。各类食品进口的具体要求可向上述机构咨询。

阿联酋有关动植物进口检验检疫的法律法规主要有 1979 年阿联酋第 5、6 号联邦法及其修订本，2001 年阿联酋农业与水产部（现为环境与水资源部）第 109 号行政决定转发的《海湾合作委员会国家第 460 号动物检疫规定》，2005 年第 383、511 号部长决议，2009 年第 539 号部长决议等。此外，还参照世界动物卫生组织（OIE）、联合国粮农组织（FAO）、世界卫生组织（WHO）和欧盟的相关规定。其中，《海湾合作委员会国家第 460 号动物检疫规定》对进口各类动物及动物源性产品规定了严格的检验检疫程序及通关办法，并规定进口动物及动物源性产品必须符合欧盟制定的卫生标准，需由进口商事先向农业水产部（现为环境与水资源部）申领进口许可证。

【海关管理规章制度】

阿联酋于 2003 年 1 月 1 日正式实施海湾合作委员会（海合会）国家关税联盟规定。根据联盟规定，除 53 种免税商品外，其余 1236 种商品统一征收 5% 的关税，此外每张报关单还要加收 30 迪拉姆（约 8.2 美元）的费用。根据该联盟规定，所有进口海合会国家的货物在该货物抵达第一个海合会国家港口时征收 5% 的关税，而后转运至其他海合会国家时不再征收关税。对于某些商品，如香烟、烟草制品和各种酒精饮料，实行特殊关税，如酒精饮料税率为 50%，烟草征收 100% 的关税，并保留征收附加进口税的权力，且须获得进口许可。对货物样品不征收进口关税；食品、本地工业生产所需的原材料和有关设备、药品、报纸、书籍、杂志、船舶及商用飞机免征关税。

出口和再出口（转口）免征出口关税，但是再出口货物发运人须向海关提供原始发票和清关手续。另外，在特殊情况下，GCC 国家还根据实际情况对某些特定产品制定相关的税收政策，如为了缓解阿联酋建筑业原材料水泥及钢材国内需求紧缺，阿联酋经济计划部决定，从 2004 年 8 月 28 日起，对于承包商协会会员企业自用水泥实行零关税进口。

为维护公共健康与安全，维护伊斯兰宗教信仰，阿联酋对部分商品实行进口管制。进口管制所涉及商品包括禁止进口商品和限制进口商品。禁止进口商品包括药类（麻醉剂、可卡因、海洛因等），含有害物质的废料，伪造及复制货币，象牙和犀牛角，旧轮胎，赌博产品，与宗教、道德不符且会引起社会动荡的出版物、照片、油画、卡片、书籍、杂志及雕刻等。以下产品如果未经政府相关部门批准，不允许进口：一切武器及弹药，酒精及酒类，用于医疗目的的药品，化学制品、肥料、农业染色剂，种子及农业植物，出版物、视听磁带，电话交换设备，食品，活蜂及蜂王，烟花及爆炸物，一切类别的骆驼，猎鹰，马科动物（包括马、骡、驴、马驹及斑马）等。

阿联酋于 1996 年加入世贸组织，2005 年主要过渡期结束，目前已经履行了 WTO 规定义务的 95%，剩余部分也将按照时间表按期履行。GCC 关税同盟与世贸组织尚不接轨，有些规定阿联酋必须与其他海湾国家协调后才能决定是否修改。

【税收体系和制度】

阿联酋是一个低税国家，境内无企业所得税和个人所得税、增值税、印花税等税种。阿联酋没有联邦税收体系，税收制度由各酋长国自行规定。目前有税法的有阿布扎比酋长国、迪拜酋长国、沙迦酋长国。

【主要税赋和税率】

阿联酋联邦政府对一般商品征收 5% 的进口关税，部分农产品和药品免税，但对奢侈品征重税，如烟草税为 50%—70%。

阿联酋联邦政府不征收公司所得税、营业税、消费税等。各酋长国政府会根据自身的实际情况制定相关法律对企业经营实体征收所得税，但实践中，仅有油气勘探生产及石化类公司以及外资银行分支机构需要纳税。

例如，阿布扎比、迪拜和沙迦规定外国银行在汇出利润时要按照利润的 20% 交税。迪拜对石油企业应税所得征收 55% 的税（其他酋长国征收 50% 的税），以及特许权使用费等，最终实际支付税额根据外国公司和相关酋长国政府达成的特许权合同条款而定（一般在 55%—85% 之间）。阿联酋没有个人所得税，不需要对工资收入和资本所得征税，但大部分酋长国会征收市政税，包括对餐厅出售的食品征收 5%—10% 的税，对酒店按客房征收 10%—15% 的税，对商业房产出租征收10%的市政税，对住宅用房产出租征收5%的市政税等。

【市场准入相关规定】

【投资主管部门】

阿联酋联邦政府负责对外贸易投资管理的部门主要包括经济部和财政部。

【禁止行业】

只有阿联酋公民或由阿联酋公民完全所有的企业法人方可提供下列服务：商业代理、房地产服务、车租赁服务、农业、狩猎和林业服务（包括兽医药）、渔业服务、人力资源服务、公路运输服务、调查和安保服务。

【限制行业】

WTO服务贸易领域中的娱乐、文化、体育服务和视听服务中仅下列领域允许外商投资：艺术，电影工作室，剧团，电影院，剧场，艺术品展览馆，体育活动。

外商对自然资源领域的投资规定由各酋长国制定。阿联酋的石化工业完全由各酋长国自行所有，外商投资必须以合资企业的形式并由国家控股。电力、水、气等资源领域也均由国家垄断，但是近年阿布扎比酋长国已开始将一些水电项目部分私有化。

【投资方式的规定】

根据阿联酋《商业公司法》，本国资本在阿联酋境内设立的公司中所占股份不得低于51%，以下情况除外：

1. 自由区内的公司可由外商100%所有；

2. 海合会成员国100%控股企业的商业活动；

3. 海合会成员国100%控股企业与阿联酋籍国民合作；

4. 专业型公司可由外商100%所有；

5. 经由相关政府部门协商并报请内阁批准的。

根据阿联酋《商业公司法》，企业组织结构分为7类：

普通合伙公司（General Partnership Company）；

有限合伙公司（Limited Partnership Company）；

合资公司（Joint Venture Company）；

公开合股公司（Public JointStock Company）；

非公开合股公司（Private JointStock Company）；

有限责任公司（Limited Liability Company）；

合股经营公司（Share Partnership Company）。

2012年联邦第4号法令颁布《阿联酋竞争法》，旨在保护和促进市场竞争活动，反对垄断行为，对限制协议、经营者集中（收并购控制）以及滥用市场支配地位问题做出了规定。其中，对违反限制协议、滥用市场支配地位条款的，可处以50万—500万迪拉姆的罚款；对于违反经营者集中条款的，可处以上一年度销售额或服务收入的2%—5%的罚款；如无法确定销售额和服务收入，可处以50

万—500 万迪拉姆的罚款。

法律还规定成立竞争监管委员会，以作为市场竞争执行机构，负责提出维护市场竞争的政策建议、法令执行、年度分析报告、申请核查等工作。委员会将由内阁负责任命理事会成员，开展业务指导以及决定组织架构。

法令同时规定了豁免行业名单，包括电信，金融，文化活动（印刷、音频、视频），石油和天然气行业，药品生产和分销，邮件及快递服务，水与电力的生产、传输及分销，污水、垃圾处理等公共卫生及相关的环境活动，陆、海、空运输及铁路运输与相关服务。

2014 年内阁通过第 37 号决议，出台了《阿联酋竞争法实施细则》，详细规定了实施竞争法，处理限制协议及行为、经营集中活动、针对违反竞争法行为和组织的投诉等的申请、调查、取证以及最终处理等工作流程。各类组织在实施经营集中活动（包括收并购）时，如果市场份额超过内阁规定的行业市场份额上限，需要在实施之前 30 日向经济部提出申请，经济部会选择批复、限制性批复，或者不予批复。

竞争法规定法律的适用范围为各类组织在阿联酋境内开展的经济活动，以及在阿联酋境内外对知识产权的利用，并同样适用于虽然在阿联酋外但影响阿联酋市场竞争的经济活动，但并没有对没有参与经济活动的外资机构有相关规定。

【BOT/PPP 方式】

阿联酋联邦层面无专门针对 BOT、PPP 的法律法规，部分酋长国政府出台了关于政府性工程和项目采购的相关法律法规，例如迪拜政府授权迪拜水电局和迪拜道路与交通管理局可与企业开展 PPP 等形式的项目合作。BOT 特许经营年限并无一般限制，由各个项目来确定。

目前阿联酋 BOT、PPP 项目市场规模很小，参与企业不多，其中规模较大的项目包括中国建材装备公司与阿联酋 Arkan 建筑材料公司签订的非政府授权的阿莱茵水泥厂 BOT 项目，项目于 2013 年竣工，目前正处于生产运营合同阶段，在 2015 年运营合同到期后再续签一个短期运营合同。此外，由阿布扎比城市规划委员会组织的阿布扎比 Ruwais 政府住房项目将采用 DBOT 模式，项目预计总开发成本将达到 50 亿美元，目前正在投标过程中。此外，迪拜为建设区域绿色能源中心，加快发展可再生能源项目，正推动借助 PPP 模式吸引潜在投资者投入迪拜可再生能源项目开发，基于 PPP 模式迪拜太阳能公园项目目前已进入第三期 800MW 招标阶段，建成后将成为世界最大的单相太阳能项日。

【投资优惠政策】

【优惠政策框架】

为鼓励外国投资，阿联酋整体赋税水平较低。阿联酋在联邦层面对企业和个人基本上实施无税收政策，无所得税、增值税、消费税和中间环节的各种税收。从法律上讲，外国合资、独资企业与当地企业平等。从各个酋长国的层面看，各酋长国关于各自区域内的自由贸易区的政策成为吸收外国投资的基本优惠政策框架。

【行业鼓励政策】

对于行业的鼓励和优惠政策，主要体现在以下两个方面：

1. 针对不同行业征收不同的税赋。各酋长国拥有独立征税的权力，可在不同程度上对企业征收“公司税”，这些企业主要集中于外国银行和外国石油公司；对某些商品及服务业则可征收所谓“间接税”。

2. 各地区根据自身条件设置不同的产业发展区，给予各种优惠，如迪拜汽车城等，并通过自由贸易区的形式推动这些产业的快速发展。此外，出台的外国直接投资法允许自由区外的外资企业在部分行业领域实现100%独资。这些行业包含阿联酋正大力推动发展的航天、新能源等高科技领域。

【地区鼓励政策】

对于外国投资者而言，在阿联酋的自由贸易区（FTZ）和经济特区（SEZs）设立公司是极具吸引力的选择。

【特殊经济区域的规定】

自1985年在迪拜的杰布阿里建立第一个自由区以来，阿联酋境内设立的自由贸易区及经济特区已超过 30 个，是其经济的重要组成部分，主要集中在阿布扎比和迪拜。

【杰布阿里自由区（JAFZ）】

1985 年由迪拜政府发起建立，距迪拜市区西南 50 公里处，总面积超过 57 平方公里，毗邻杰布阿里港，是阿联酋最大的自由区。目前，杰布阿里自由区入驻企业达 7300 多家，其中中国企业 170 余家，涉及电子产品、石化产品、建材、汽车、机械设备、食品、医疗保健和医药等领域的贸易仓储和分销、工业生产，以及服务和物流行业。

【迪拜国际金融中心（DIFC）】

2004 年由迪拜政府创立，占地 110 公顷，其地理位置和时区得天独厚，与伦敦和北京的时差均为 4 小时。该中心已成为中东、非洲和南亚的地区性金融中心。截至 2013 年年底，在 DIFC 注册的活跃公司达 1039 家，其中包括 327 家金融类服务公司、565 家非金融类服务公司和 145 家零售商。中国工商银行、中国银行、中国农业银行和中国建设银行已先后入驻 DIFC。

【哈里发工业区（KIZAD）】

哈里发工业区位于阿布扎比和迪拜之间的塔维拉（Taweelah）地区，毗邻哈里发港，占地 417 平方公里，是阿联酋最大的工业区。哈里发工业区是阿布扎比 2030 年发展规划的重点项目，工业区根据产业发展需求进行基础设施建设，涉及行业包括铝业、钢铁、制药、食品加工、造纸、印刷包装、物流仓储等。

【自由区优惠政策】

对于外国投资者而言，在自由区及经济特区内投资的优势主要体现在：

1. 外资可100%控股；

2. 资本与货物可全部回流；

3. 无最低投资资本要求；

4. 股东责任仅限于实收股本；

5. 无股比限制；

6. 无企业所得税；

7. 无个人所得税；

8. 完善的厂房及仓储设施；

9. 完善的基础设施、支持服务及通信条件。各自由区由所在酋长国负责管理，因此其具体优势很大程度上取决于各酋长国的政策。

关于阿联酋各自由区的详细信息可见www.emiratesfreezone.com。

阿联酋现有自由区和经济特区如下：

酋长国	自由区／经济特区名称
阿布扎比	

	Abu Dhabi Airport Free Zone
	Industrial City of Abu Dhabi（CAD）
	Khalifa Industrial Zone Abu Dhabi(KIZAD)
	Masdar City
	Abu Dhabi Global Market
迪拜	Duabi Airport Free Zone
	Jebel Ali Free Zone
	Dubai Internet City
	Dubai Media City
	Duabi Carsand Automotive Zone
	Dubai Biotechnology and Research Park
	Dubai Flower Centre
	Dubai Goldl and Diamond Park
	Dubai Healthcare City
	Dubai International Financial Centre
	Dubai Knowledge Village
	Dubai Logistics City
	Dubai Multi—Commodity Centre
	Dubai Outsource Zone
	Dubai Silicon Oasis

	Dubai Studio City
	Dubai Academic City
	Dubai Textile City
	International Media Production Zone
	Lnternational Humanitarian City
	DubaiT echnopark
	Hamriyah Free Zone
哈伊马角	Rasal—khaimah Free Trade Zone
富查伊拉	Fujairah Free Zone
乌姆盖万	Ahmed Bin Rashid Free Zone
阿治曼	Ajman Free Zone

【劳动就业规定】

【工作时间与休假】

正常情况下，每天的工作时间最长为 8 小时，每周 481 小时。经劳工部同意，某些特殊工作部门或因工作性质，工作时间可以延长或减少。《劳工法》第 65 条规定：斋月期间，每天的工作时间应减少 2 小时。通勤时间不计入工作时间。正常加班，劳务人员可得到日工资 25% 的加班费，如果是晚上 9 点到早晨 4 点加班，可得到日工资 50% 的加班费。除不可抗力外，每天的加班时间不超过 2 小时。

周五是所有工人的休息日，计时工除外。如果劳务人员必须在周五工作，雇主应给予补休一天或发给日工资 50% 的加班费。

劳务人员可享受年休假不得少于：

1. 服务期满 6 个月不满 1 年的，每个月 2 天；

2. 服务期满 1 年的，每年 30 天。

实习期满后服务连续超过 3 个月的，每年的病假为 90 天（连续或间断），并按如下规定计算工资：

1. 头 15 天按全额工资计算；

2. 第 16—45 天按半数工资计算；

3. 45 天以上的时间无工资。

【劳务人员可享受的休假】

1. 每年 10 天的公众假期。

2. 朝圣假期。仅穆斯林在合同期内可享受一次，不超过 30 天，不计工资，不计入其他假期。

3. 孕产假。服务期满 1 年的女工在产前或产后，有 45 天的带薪假期；不满 1 年的则为半薪。另外，如果孕产女工因病不能上班的，有连续或间断 100 天的不带薪假期。病假条应由指定的有资质医疗机构或当局出具。孕产假不计入其他假期。

夏季午休制度：2005 年开始实施，一般为每年的 6 月 15 日至 9 月 15 日（具体时间由劳工部通知），共 3 个月，在户外工作的劳工 12:30—15:00 之间为午休时间，违者将对雇主处以 15000 迪拉姆的罚款。

【工伤及职业病的补偿】

如果雇员遭遇工伤或职业病，雇主应支付其在当地政府或公共医疗中心、诊所的治疗费用，直到其康复或确诊为残废。治疗费用包括在医院或疗养院的住院费、外科手术费、拍X光片和药理分析的费用、购买药物的费用、器官移植以及为残疾者提供康复设备和假肢等的费用、治疗产生的交通费。

如果雇员受伤不能工作，雇主应支付其一笔相当于治疗期或半年医疗费的现金补贴（按照时间比较短的一个支付）。如治疗期超过半年，则补贴减为一半，直到确诊，无论雇员康复、残废或死亡。如果雇员死于工伤事故或职业病，其家属应得到相当于其两年工资的补偿金（不少于18000迪拉姆且不多于35000迪拉姆，约合5000—9500美元）。

补偿金额按照其生前最后一次的工资计算，补偿金应给予其家属。如果有关当局确认雇员是因企图自杀或为得到补偿、病假或其他原因而造成自己受伤；因吸毒和酗酒而造成受伤；因故意违反在工作场所明显处公布的安全条例或因粗心、玩忽职守而造成自己受伤；在没有正当理由的情况下拒绝医疗检查或医疗小组的诊治，以上所述情况所造成的伤害或残疾如没有造成死亡，则雇员不享有任何补偿。在上述情况下，雇主有权不提供医疗或津贴补偿。

【劳动争议】

个体争议可通过劳工部乃至法庭解决，集体争议由劳工部的调停和解委员会、法院及最高仲裁委员会解决。根据《劳工法》所主张的所有权利，时效为1年。只有劳工部门可以把争议提交到法院解决。

【雇佣合同的解除】

有如下情况时可解除雇佣合同：

1. 劳资双方都同意解除合同，且劳方写出书面同意；

2. 合同到期，除非合同中根据《劳工法》明文或默示延长合同期限；

3. 所签无限期合同的任一方表示要终止合同，并按《劳工法》规定事前通知，另一方也同意；

4. 无期限合同下雇主或劳工在有充分理由的情况下均可解除合同，并提前30天向另一方发出书面通知。

计时工的通知期限为：工作半年以上1年以内的，提前一周通知；工作1年以上5年以下的，提前两周通知；工作5年以上的，提前一个月通知。

雇主在下列情况下，可不经劳方同意而解雇劳方：

1. 雇员提供伪造的国籍、身份、证明和文件等；

2. 在实习、试用期间；

3. 因雇员所犯错误而导致雇主大量物质损失；

4. 雇员在已知安全生产规则的情况下，违反安全生产条例；

5. 雇员不履行雇佣合同所规定的基本义务，而且不听警告；

6. 雇员泄露公司的机密；

7. 雇员被政府法庭判决违背了公共道德、信誉、诚实；

8. 雇员被发现醉酒或在工作时间醉酒；

9. 雇员威胁、挑衅雇主、值班经理或同事；

10. 雇员在1年中无故连续旷工7天以上或不连续旷工20天以上。

【外国人在当地工作的规定】

外籍劳务进入阿联酋实行工作许可制度。

1. 外籍劳务只有取得在劳工部注册许可企业的担保下，才能获得工作许可。

2. 外籍劳务只有满足以下条件，劳工部才有可能发放工作许可：（1）年龄在18—60岁之间；（2）应具备在阿联酋有用的专业或学术资质；（3）持有的护照有效期在6个月以上；（4）身体健康。

【雇佣合同及劳工卡】

劳务在进入阿联酋前，应与雇主签订雇佣合同。合同必须使用阿拉伯文，可同时使用英文。合同一式三份，一份劳务保存，一份雇主保存，第三份交相应的酋长国劳工部门（确保自己手中要有一份合同，并在整个合同期间妥善保管）。合同内容要注明时间、地点、类型、条件、有效期、工资等。相应的劳工部门要批阅该雇佣合同。

雇主应在雇员到达阿联酋的60天之内为雇员办妥劳工卡。如果雇主没做到，雇员在此期间工作就违反了阿联酋雇佣外籍劳务的法律，雇主将被处以罚款。所以，雇员如在60天之内没有得到劳工卡，应向有关劳工部门报告，以便劳工部门对雇主采取必要的措施。劳工卡有效期为3年，如果雇佣双方表示满意，可以更换同等期限的新卡。更新必须在到期日后的60天内完成。超过60天期限的，雇主要能向劳工部提交其所能接受的司法文件，才能继续得到更新。即使劳工部同意继续更新，也要收取相当于罚金的延迟更新费用。劳工卡过期后，雇员不得继续在阿联酋工作。

根据有关规定，将由阿联酋的相应医务机构出具劳务人员未患重大疾病的体检证明，证明其身体条件适应他所从事的工作。

雇主应承担有关雇佣合同及劳工卡费用，以及未及时办理或更新劳工卡的罚金。劳务人员在阿联酋境内迁移时，应随身携带劳工卡。

如果劳务人员由于未及时更新劳工卡受到歧视待遇，而雇佣关系依然存在，劳务人员应向雇主提出更新要求。如雇主未予反应，劳工部建议劳务人员应向有关劳务部门反映，以便劳工部门对雇主采取必要的措施。

【定期回国规定】

外籍劳务人员服务期满后应迅速离开阿联酋，否则属于非法居留。雇主要采取如下措施，以确保不在本企业雇员中发生非法滞留：

1. 取消工作许可，将他们遣返至原处或双方同意的其他地方，由雇主承担遣返费用；

2. 如果劳务人员转换担保为其他雇主工作，由新雇主在服务期满后承担遣返费用；

3. 由于劳务人员的原因解除合同，如果劳务人员有能力的话，遣返费用自负；

4. 如劳务人员死亡，棺材及运费由雇主承担。

【抑制非法移民和黑工的规定】

为遏制非法移民和“黑工”带来的问题，更好地管理劳动力市场，提高管理效率，阿联酋严格控制边境，严控非法劳工入境，并投入巨资采用高科技设备（如虹膜识别）等技术手段以阻止非法移民入境。同时，阿联酋会根据劳务市场变化采取颁布劳务输入禁令或暂停发放签证等临时管控措施，如2012年曾因大量孟加拉劳工涉嫌伪造护照而暂停对孟加拉劳工发放签证。

【对引进外籍劳务的态度】

阿联酋经济自由，对劳务的国籍没有限制，雇主依据劳工法及有关规定，可以从世界上任何国家招聘劳务，实行“非移民、临时性、合同制”劳务政策。有关招聘外籍劳务的法律和程序在阿联酋各酋长国是通用的，可以从其中任一酋长国劳工部门获得工作许可，并获得任一酋长国移民局入境签证，从联邦的任一机场或海港入境。因此，合法的外籍人员在阿联酋务工面临的法律和政策风险较小。

【劳动争议的解决】

个体争议可通过劳工部乃至法庭解决，集体争议由劳工部的调停和解委员会、法院及最高仲裁委员会解决。根据《劳工法》所主张的任何权利，时效为1年。只有劳工部门可以把争议提交到法院解决。

【具体参考信息】

阿联酋劳工部为了使外籍劳务能够保护自己的权利和更好地理解自己的义务，发行了《阿联酋外籍劳务指南》。该指南针对劳务们所关心的问题，提供了包括阿联酋劳动法律法规、招聘的各项程序、劳务的权利和义务等在内的基本内容。该指南通用于各行各业。中国企业和个人如果计划前往阿联酋务工，请查询阿联酋政府网站更加准确的信息。外籍劳务指南详见中国驻阿联酋大使馆经商参处网站：http：//ae.mofcom.gov.cn/article/ddfg/laogong/200302/20030200067128.shtml

【土地法的主要内容】

在阿联酋，土地及自然资源属于统治各酋长国的酋长家族。联邦没有关于土地所有权的统一法规，相关事宜由各酋长国负责管理。阿布扎比酋长国于2005年颁布了一部关于土地所有权的法律，规定政府在法律颁布前后授予公民的地产属于公民自由财产。公民可对地产所有权进行登记，并依法使用、利用及处置。该法还允许海合会成员国公民在阿布扎比投资区域内拥有地产，并对投资区以外的商业房地产租赁合同条款做了明确规定。根据此项法律，外国人也可在阿布扎比的投资区租赁房地产，但租期有限。其他酋长国对土地及地产所有权也各有相应规定。

【外资企业获得土地的规定】

阿布扎比酋长国只允许阿联酋公民和他们全资拥有的法人享有不动产的完全产权。海湾合作委员会（GCC）国家公民及其全资公司可以在指定的投资区内拥有地产。非阿联酋和海合会国家公民可以在投资区内拥有房产（不包括房产所在的土地），也可获得最多99年的房地产租约和最多50年的土地租约。

【外资参与当地农业投资合作的规定】

阿联酋常年高温，水资源极度贫乏，不利于大规模农业生产。阿联酋各酋长国政府均严格限制外资企业参与当地农业投资合作，外资参与当地农业投资合作仅限于租借各酋长国王室（或部落）自留农业用地，以对方的名义开展农业生产。

【外资参与当地林业投资合作的规定】

阿联酋处于沙漠地带，自然环境恶劣，人工绿化成本高，不利于发展林业，尚无外资参与当地林业投资合作。

【外资公司参与当地证券交易的规定】

外资公司欲在阿联酋上市需符合阿联酋证券商品管理局的相关规定。

根据SCA2002年第7号有关外资公司在阿联酋股市上市的规定：外资公司必须是已在母国上市的公开合股公司；资产不少于4000万迪拉姆（约1089万美元）；注册股东数不少于100名；提交上市申请的前两年，公司净资产不少于实收资本的20%，或者分派给股东的净利润不少于实收资本的5%。2014年4月，迪拜杰布阿里自由区和迪拜纳斯达克共同宣布，自由区内注册企业可申请在迪拜纳斯达克上市筹资，上市股份至少达到总股本的1/4，市值不低于1000万美元。

具体规定可参见阿联酋证券商品管理局网站：www.sca.ae。

【对环境保护的规定】

【环保管理部门】

阿联酋环保管理部门主要包括环境与水资源部、阿布扎比环境署、环境及保护区管理局。

【环境与水资源部】

环境与水资源部的前身是农渔部，其主要职责是：在联邦环境署的框架下减少土壤、大气和水污染，同时控制沙漠化和保护生物多样性；发展替代资源，防止地下水过度开采；提高生物安全性，确保动物和禽类流行疾病的预防，防止人畜共患病；深入调研；提高公民环保意识；规范捕鱼活动，发展水生生物资源；采用先进食品进口标准，确保食品安全；完善相关法律，加强管理，特别完善监控机制。

网址：www.moew.gov.ae

电话：00971—24444747（阿布扎比）；00971—42148444（迪拜）

传真：00971—24490444（阿布扎比）；00971—42655822（迪拜）

【阿布扎比环境署】

阿布扎比环境署成立于 1996 年，前身是环境研究与野生动植物发展署（ERWDA）。其主要职责是保护和控制生物多样性；将保护环境和自然资源提上国家日程；为政府、企业和社会团体提供相关指导意见。

网址：www.ead.ae

电话：00971—24454777

传真：00971—24463339

【环境及保护区管理局】

环境及保护区管理局成立于 1998 年，是隶属于沙迦政府的环保部门。2010 年 2 月，该管理局主办了阿拉伯半岛保护生物多样性第一次会议。网址：epaa@emirates.net.ae

【主要环保法律法规】

阿联酋政府越来越重视环境保护和可持续发展。过去 30 年中，阿联酋已经在可持续发展方面取得了重大进展，成为中东地区最具环保意识的国家之一。阿联酋有关环境保护的法律法规主要有：

1. 联邦法 1983 年第 9 号,《狩猎法》(Hunting Law)，这是阿联酋最早的一部环境保护法律；

2.1997 年，联邦政府出台《国家环保战略规划》，旨在保证国民经济持续发展，避免工业化国家曾经遭遇的环境污染；

3. 联邦法 1999 年第 24 号，环境法；各酋长国同时根据联邦环境法制定了自己的环境法。在阿联酋开展工程项目需要同时符合联邦环境法及所在酋长国环境法规定要求；

4. 联邦法 2000 年第 24 号，保护海洋环境的规定；

5. 联邦法 2002 年第 11 号，濒危野生动植物贸易的管理规定；

6. 联邦法 2004 年第 55 号，防止电离辐射污染的基本规定；

7. 联邦法 2004 年第 56 号，防治交通污染的规定；

8. 联邦法 2004 年第 57 号，关于垃圾处理的规定；

9. 联邦法 2006 年第 11 号，修订环境法；

10. 联邦法 2007 年 16 号，动物保护法；

11. 联邦法 2014 年第 26 号，臭氧层保护法。

【环保法律法规基本要点】

阿联酋禁止进口某些特定产品，有些是遵守国际公约，有些是出于环保、卫生方面的考虑。与环境相关的贸易法规主要包括：

1.《控制危险废料越境转移及处置的巴塞尔公约》（Basel Convention）；

2.《关于在国际贸易中对某些危险化学品和农药采用事先知情同意程序的鹿特丹公约》（Rotterdam Convention on Priorin for Medconsent）；

3.《濒危野生动植物物种国际贸易公约》及附录1、H、Ⅲ（CITES Convention）；

4. 1999年联邦第24号法令规定：任何公共或私人机构，具备或不具备资质的个人都不得在阿联酋进口、输入、掩埋或处置任何形式的危险废料；

5. 危险化学品及废料处理应依照《危险物质、危险废料以及医疗废料的处理规定》（the Regulation on Handling of Hazardous Substances Hazardous Wasteand Medical Waste）执行。

【环保评估的相关规定】

阿联酋对工程项目从策划到执行过程中的环境保护均有要求。企业在阿联酋承包工程基本上都需要向所在酋长国的环境保护主管部门提交环评报告，如阿布扎比的环境保护主管部门是阿布扎比环境署（the Environmental Agency in Abu Dhabi EAD，网址：www.ead.ae，电邮：customerservice@ead.ae），在阿布扎比进行基础设施建设需要到阿布扎比环境署出具项目环评的无异议证书。申请环评的方式一般为委托官方认可的专业环评报告公司针对项目撰写环评报告

（construction environ mental management plan、CEMP），费用因项目而异，撰写 CEMP 的时间大约为 3 周。

【反对商业贿赂相关规定】

阿联酋目前并无专门的反对商业贿赂法律。阿联酋刑法第 234 条至第 239 条对贿赂罪的定义及判罚进行了简单说明。阿联酋于 2006 年同意加入联合国反腐败公约。同时各酋长国政府对于反腐败及商业贿赂也有类似的定义，如 2006 年迪拜出台的人力资源管理法中就有遏制潜在腐败的相关规定，2006 年阿布扎比 1 号法令规范了政府公务员的行为准则，同时也包含了专门遏制腐败行为的相关条款。2008 年联邦法第 11 号法令出台了关于人力资源管理的相关规定，同样规定了反腐败的相关内容。根据刑法第 237 条，任何向政府公共部门官员或可以对公共部门官员产生影响的岗位提供贿赂者，无论贿款是否被接受，都将被认定有罪。任何在行贿者和受贿者之间充当中间人或联络人者，将被认定有罪。行贿者将被处以上缴与贿款同等罚金（不低于 1000 迪拉姆）或利用贿赂行为获得的实际利益，并被处以不超过 5 年的有期徒刑。

【对外国公司承包当地工程的规定】

外国承包商在阿联酋承接工程，必须在阿联酋设立机构，对此，每个酋长国规定了不同的要求。

外国公司在阿布扎比开展承包工程业务首先需要注册登记，取得当地营业执照。根据阿布扎比酋长国政府的有关规定，已经取得营业执照的承包公司还必须在阿布扎比酋长国经济规划局履行分级登记手续并取得分级证书，才能对政府项目投标，担当总包商。

阿布扎比酋长国政府于2010年修订了1980年颁发的关于承包商分级的规定，所有承包公司共分7级，即特级和1—6级。

向经济发展局分级委员会申请办理分级等级手续所需文件：

1. 阿布扎比工商会会员证；

2. 阿布扎比市政府颁发的营业执照；

3. 经阿布扎比登记注册的有资格的审计师认可的驻阿联酋经理部（或分公司）的资产负债表，并需要由审计师提交出一份审计报告；

4. 经过公证和认证的常驻人员的学历、资历、职称证书；

5. 申请分级登记时前六年完成的承包工程项目经过公证和认证的竣工报告。

承包商在提交上述5个文件后，经分级委员会根据公司的资金、技术、前期经历等条件，审定公司级别，并颁发分级证书。承包商分级每两年更新一次。承包商只有在承包商分级委员会分级后，才可以参加政府各部招标的工程投标。投标范围可以在其被划分的那一级或比该级低两级的范围投标和承包项目。

外国自然人不能以个人身份承揽工程承包项目。但外国自然人可以持有阿联酋当地的工程承包公司的一定比例的股份，该比例不得高于51%。

阿联酋关于外国承包商的法律规定，不适用于外国自然人。对于私人类项目，不存在禁止外国承包商进入的领域，前提是外国承包商有资格在阿联酋经营。对于公共类项目，不禁止外国承包商从事一般的房建、基础设施类项目的承建，但对于国防部的军事类项目须遵循国防部的特别规定。

【履约限制】

阿联酋对外国承包商没有特别禁止的领域，外国承包商在阿联酋进行工程承包活动仍受到一系列法律法规活动调整的影响，以在阿布扎比酋长国的外国承包商为例，其承包经营活动受到以下履约规定限制：

1. 项目合同（协议）所有条款都必须接受阿布扎比的法律约束；

2. 合同一般条款必须受阿布扎比酋长国 1981 年 7 月颁发的“土木工程合同一般条件的约束”；

3. 尽管政府已授予承包商项目合同，但是承包商在开工前仍必须向各有关单位报送开工申请及所需的文件，取得施工许可，否则不许开工；

4. 外国公司（包括已在阿联酋登记注册的外国公司）得不到预付款；

5. 外国公司在当地购买施工机械、设备包括运输车辆等均受一定限制，即购置一台设备或车辆就必须在当地再租赁一台；

6. 在阿布扎比承包工程，如果需要直接从第三国进口施工机械或建筑材料，最高完税率为 4%；如果从中国运来或从第三国采购施工机械设备，在工程竣工之后就运出境外（即不在当地变卖），可以申请免税。但是需要相当于税额的银行保函，待这些机械设备用完并且运出境外之后，再释放此保函，如果在当地变卖，政府将没收此保函；

在阿布扎比承包工程，按照有关规定必须投保以下险种：工程全险、第三方责任险、施工设备、设备险、劳务人员人身险等。

【招标方式】

根据阿布扎比酋长国最高咨询委员会的规定，政府工程项目的招标分国际招标和当地招标两种方式。

国际招标：即各国公司均可参加（如有资格预审的项目参加者必须先通过资格预审），不需要在当地登记注册。但必须先找一个当地项目代理人或合伙人。已在当地注册的外国公司（如各中国公司）也可以参加国际招标项目的投标。但不需要另找代理人或合伙人。当地投标：只限在当地登记注册并已经取得分级证书的外国公司及当地公司参加。

【中国与阿联酋签署双边投资保护协定】

1997 年 7 月，中阿签订《中华人民共和国政府和阿拉伯联合酋长国政府关于促进和保护投资协定》。

【中国与阿联酋签署避免双重征税协定】

1997年7月，中阿签订《中华人民共和国政府和阿拉伯联合酋长国政府关于对所得避免双重征税和防止偷漏税的协定》。

【中国与阿联酋签署的其他协定】

1985年，中阿签订《中华人民共和国政府与阿拉伯联合酋长国政府经济、贸易、技术合作协定》。

【其他相关保护政策】

2007年，中阿签订《双边劳务合作谅解备忘录》。

【解决商务纠纷的主要途径】

在阿联酋产生商务纠纷主要可以通过仲裁中心和法院解决，有3家机构负责解决商务纠纷，分别是阿布扎比商务调解仲裁中心（ADCCAC）、迪拜国际仲裁中心（DIAC）和DIFC—LCIA仲裁中心（迪拜国际金融中心—伦敦国际仲裁院）。

阿布扎比调解仲裁中心隶属于阿布扎比工商会，为阿联酋本地或跨国贸易纠纷进行法律咨询，提供仲裁人、调解人、专家、翻译名录，定期举办会议和研讨活动，并邀请信息部门和法务部门相关人士出席。迪拜国际仲裁中心是一家自主非营利机构，其仲裁结果与法院裁决具有同等效力。DIFC—LCIA仲裁中心是由迪拜国际金融中心和伦敦国际仲裁院合作成立的一家独立仲裁机构，旨在通过调解及仲裁的方式处理国际商业纠纷。

二

开展投资合作相关手续

【注册企业】

【设立企业的形式】

根据阿联酋《商业公司法》，企业组织结构分为七类：

1. 普通合伙公司（General Partnership Company）；

2. 有限合伙公司（Limited Partnership Company）；

3. 合资公司（Joint Venture Company）；

4. 公开合股公司（Public Joint Stock Company）；

5. 非公开合股公司（Private Joint Stock Company）；

6. 有限责任公司（Limited Liability Company）；

7. 合股经营公司（Share Partnership Company）。

《商业公司法》规定，上述七类企业组织结构中的外资比例上限为49%。外国公司在阿联酋注册的分支机构（分公司或代表处，

Branch Office or Representative Office）可由外资 100% 控股，但需指定阿联酋本地代理。在自由区注册的公司可由外资 100% 控股，且无须本地代理或担保人。

阿联酋境内共有三类执照：商业执照用来从事贸易活动；工业执照用来从事工业或制造业活动；专业执照用来从事专业服务、手工业和艺术活动。

【注册企业的受理机构及主要程序】

在阿联酋注册公司的具体程序、受理机构及所需材料依各酋长国及执照种类、公司种类不同而有所差异。一般来说，主要程序可以通过阿经济部（www.economy.gov.ae）、各酋长国经济发展局等相关政府部门或工商会、自由区等机构的网站获得。例如在阿布扎比酋长国申请注册各类公司所需材料及程序可在阿布扎比经济发展局网站（ded.abudhabi.ae）上获得，亦可咨询各酋长国工商会的会员服务中心，联系方式如下：

阿布扎比工商会：www.abudhabichamber.ae

迪拜工商会：www.dubaichamber.com

沙迦工商会：www.sharjah.gov.ae

哈伊马角工商会：www.rakchamber.ae

乌姆盖万工商会：www.uaqcci.ae

富查伊拉工商会：www.fujcci.ae

阿治曼工商会：www.ajmanchamber.ae

【承揽工程项目的程序】

【获取信息】

在阿联酋，获取工程招标信息可通过下述渠道：

1. 长期合作的总包商；

2. 报纸、杂志上刊登的招标信息。

【购买标书】

投标者在取得投标资格后，可持邀请函（邀请表述方式时）或根据报纸上公布的标讯到指定的部门去购买标书文件。除需要交一定的费用外，还需要提交公司的营业执照和分级证书等文件。

【开标】

一般方式是在规定的日期，投标者当场交标书和报价，当众开标。未交或迟交者作弃权论。投标者在投标时必须同时提交大约相当于标价 5% 的投标保函。数额由标书文件规定。保函有效期一般为 3 个月（特大规模的项目除外）。开标后获前三名者投标保函需保留 3 个月，其余投标者的保函将退还给本人。如果政府因为某种原因在 3 个月内不能授标（即不能签项目合同），可以要求前三名延长此投标保函，此时前三名有权拒延，政府不能提出任何索赔，只能视作自愿放弃此项目合同。

【授标】

授标即指授予项目合同。业主有权根据前三名的其他条件，如财政状况、技术能力等，在前三名中任选一家公司授予项目合同。即使第一名未被选用，也不能提出诉讼。

业主一旦确定将项目授予某一承包商时，将发授标通知书。承包商必须在通知书规定期限内予以确认，并提交相当于合同总金额10% 的履约保函，然后商签合同。在提交履约保函后，投标保函随之可以释放。

【许可手续】

凡重要工程或大型工程项目对于准备参加的投标者要进行资格预审。资格预审通过后才有资格参加该项目的投标。资格预审的通知有两种方式：一是邀请，二是公开登报。如属于邀请方式，则由业主或受业主委托的部门发函给被邀请的公司，资格预审材料由业主提供。参加预审的公司在规定时间内向业主提交填写好的预审文件，经业主或专门评委审议决定，由业主发函（邀请方式时）或登报公布预审结果。

【申请专利和注册商标】

所有涉及商标权保护的申请表格及程序均可通过阿联酋经济部网站（www.economy.ae）的网上服务获得。阿联酋经济部工业产权司负责受理专利的申请。申请专利和商标需要提供包括申请表、相关证据和商标的细节描述等材料，整个申请约需6000迪拉姆。商标保护期为10年，到期可延长。

【企业在阿联酋报税的相关手续】

阿联酋是一个低税国家，境内无企业所得税和个人所得税、增值税、印花税等税种。阿联酋没有统一的税收制度和税法，个别酋长国虽然有税法，但实践中仅有石油公司和银行需要按合同约定比例将部分利润上交。因此没有针对普通企业的报税程序。

【赴阿联酋的工作准证】

阿联酋劳工部负责发放外籍劳务的工作许可，持该许可方可到移民局申请工作签证。

【申请程序】

阿联酋为保障本国人就业，自2006年开始规定，负责办理工作许可及其他与签证相关事项的人必须是阿联酋本国人。申请程序如下：

1. 根据劳工部审核报告备齐各种材料，提交审核处，之后提交许可处；

2. 在劳工部授权的打字社填写申请表，并缴费；

3. 通过电子信息系统将申请表传给劳工部；

4. 经审核，获得工作许可或者拒绝授予工作许可。获得工作许可后，将相关资料提交移民局。经审核批准后，移民局会出具一份临时工作签证，有效期为 3 个月。该员工必须在 3 个月内，凭临时工作签证抵达阿联酋。如果用人单位在迪拜注册，凭临时工作签证的传真件即可入境。如果是其他酋长国移民局出具的工作签证，在迪拜入境时则必须要原件。员工在抵达阿联酋后的 30 天内，凭该份临时工作签证及公司执照复印件、购房或租房合同复印件到政府指定的医院进行体检。主要检查艾滋病、肺结核、乙肝。如果不合格，则必须遣返。体检合格后，领取健康卡，并将体检结果提供给公司担保人。担保人持检查结果单和临时工作签证再次去移民局，办理正式的工作签证。工作签证有效期为 3 年。最后委托担保人持工作签证、相关人学历证明及其他相关材料去劳工部办理劳工卡。

【提供资料】

到阿联酋劳工部办理个人工作许可，需提供以下材料：护照复印件、护照照片 4 张、有法人授权签字的公司执照复印件、申请表（需要到劳工部授权的打字社进行打印）、公关卡复印件。

一些专业从业人员，需要提供特殊材料：

1. 如果从事司机行业，需提供认证的驾照和相关部门出具的车辆牌照表；

2. 如果从事医生、药剂师、护士及其他医疗专业技术人员职业，需提供卫生部出具的证明和学历证明；

3. 如果在私立学校从事教师职业，需提供教育部出具的证明；

4. 财政部出具的工业生产证明和工业生产执照；

5. 本科和研究生学历证明，在校大学生需出具阿联酋外交部的证明；

6. 如果申请教练和裁判职业，需出具青年和体育总局的证明。

【能给中国企业提供投资合作咨询的机构】

1. 中国驻阿联酋大使馆经济商务参赞处（负责阿联酋联邦政府和阿布扎比酋长国事务）

地址：P.O.Box 25455，Abu Dhabi，U.A.E.

Villa86，Salama Bint Butti Street，Al Mushrif，Abu Dhabi，U.A.E.

电话：00971—2—4474742

传真：00971—2—4475797

电邮：ae@mofcom.gov.cn

网址：ae.mofcom.gov.cn/index.shtml

2. 中国驻迪拜总领馆经商室（负责迪拜及其他 5 个酋长国事务）

地址：迪拜珠美拉海滩路 24 号别墅

电话：00971—4—3448032

传真：00971—4—3448099

电邮：dubai@mofcom.gov.cn

网址：dubai.mofcom.gov.cn/index.shtml

3. 阿联酋中资企业协会

阿联酋中国商会电话：00971—65749068

传真：00971—65749082

4. 阿联酋驻中国大使馆、总领事馆

地址：北京市朝阳区东方东路 22 号外交公寓 10—04

电话：010—65327650/1/3

传真：010—65327652

5.阿联酋驻上海总领事馆（领区：上海、浙江、江苏、安徽、福建）

办公处：上海市北京西路 1080 弄 24—26 号静鼎楼

电话：021—62557776

传真：021—62556252

6. 贸促会海湾代表处

贸促会海湾代表处电话：00971—65749068

传真：00971—65749082

电邮：ccpitgulf@ccpit.org

网址：daibiaochu.ccpit.org/ae/

7. 中国商务部研究院海外投资咨询中心

地址：北京市东城区安外东后巷 28 号

电话：010—64515042、64226273、64515043

传真：010—64212175

电邮：kgjyb@126.com

网址：www.caitec.org.cn

三

需要注意的问题

【投资方面】

根据现行法律，阿联酋不仅对外资可以进入的行业领域有明确的法律限制，而且对外商投资的持股比例有明确的规定，即外方持股不能超过49%。外方投资者可以以设备、技术、物资的形式投资，也可以现汇投资。在税收上，外国合资、独资企业与当地企业在法律上是平等的。

阿联酋本国企业与外国企业合资投资一般采用两种方式：一是用现金作为资本直接投资于合作的项目；二是以土地、厂房、车辆等实物投资。

阿联酋拟出台的新外资法将对部分行业的外资持股比例做出调整，希望中资企业关注新法规的颁布实施，并可根据新法规对股权做出相应调整。

案例：中资企业在开展投资时要特别注意合同约定。某中资企业投资阿联酋商业地产时，由于部分合同条款约定不明确，也没有法律团队把关，留下了隐患。在合同履行期间，业主抓住合同漏洞在其自身未充分履行义务的前提下，反而要求中资企业提前支付租金，使中资企业蒙受了巨大的经济损失。

【贸易方面】

在商业活动中，阿联酋商人的习惯做法如下：

1. 多方询价，广为比较。进口商大多采用多方询价的方法，取物美价廉者。阿联酋商人善于经营，往往用同一国公司之间的报价去压价，以便获取更大利润。

2. 看样成交。阿联酋进口商一般要求看样成交，甚至对他们过去曾经进口的商品，也要在再次成交前要求看样。所以，中国到阿联酋访问的贸易小组和参加展览会的人员应注意，在推销轻便商品时，必须携带样品，对体积大且重、不便携带的商品的推销，则一定要有图片、样本和详细的文字说明。

3. 要求报价。当地进口商一般要求报价迅速，如果拖延一两天没有回音，阿联酋商人马上失去兴趣，转向别处询价。因为进口渠道多，同类商品经营者之间竞争激烈，除了特殊的、独家经营的商品之外，进口商有较大的选择余地。中国的一些贸易公司反应迟缓，不及时报价，以致错失生意机会。

4. 政府采购货物采用招标方式。阿布扎比是联邦的首都，政府机构多，所需的物资品种繁多，且数量可观，他们对诸如机器设备、建筑材料、农用物资以及军队用品、军服、学校的校服和文教用品等大多采取招标的方式来采购。但限定的招标时限很短，一般为15天左右，这就要求投标者应尽快报价并提供样品或样本。待中标后，视合同金额大小，还需提供相当于合同总金额2%—5%的银行保函。如延误了交货期或商品质量、数量有问题，则没收保函。通过投标方式推销商品，一般来讲成交金额大，而且一旦成功，则同类商品今后再中标的机会也大，但要求出口商反应快，在组织生产、监督质量和数量以及运输、交货等一系列环节中，要细致、严谨，否则稍有闪失，损失重大。

案例：中国A公司通过电子邮件方式与阿联酋B公司达成销售协议，向B公司提供紧固件等产品。邮件往来过程中B公司邮箱被黑客攻击，不法分子窃取相关业务信息并假冒A公司邮箱与B公司继续联系，同时要求B公司将货款汇至其名下账户，而A公司对此并未察觉，在未收到B公司货款情况下完成发货。发货完成后A公司要求B公司尽快付款，双方至此才发现之前交易过程出现问题，而B公司则以已付款为由拒绝支付，拖延近两年一直无果。

需要提醒的是，很多阿联酋商人习惯口头达成交易意向，对协议的形式和内容并不十分在意。为尽量避免交易过程中可能因沟通不畅、协议内容及权责划分不清、网络安全隐患等问题带来的损失，建议中国企业在与阿联酋企业进行贸易往来时，一方面注意与对方保持及时有效的沟通，尽量避免产生不必要的误解或让不法分子有可乘之机；另一方面务必注意在订单和协议中列明货品规格、交货时间和条件、违约条款等，避免在交易出现问题时由于缺乏书面证明而蒙受不必要的经济损失。

【承包工程方面】

1. 承包工程可能遇到的问题

（1）在阿布扎比开展业务必须找当地代理人，因为公司资格预审中必须担保人出面签字并提供担保合同。当地担保人每年收取一定费用，支付担保费用主要有以下 3 种方式：

一是不管被担保的公司是否盈利，每年需支付固定的担保费；二是按承包合同额支付一定比例的费用，一般为合同额的 1%—3%，合同金额越大，收费比例越小；三是确定一个固定金额为保底担保收费额，同时每笔合同按比例提取费用，总担保金额超过保底金额时，按实际金额提取费用，少于保底金额，则按保底金额收费。具体采取哪种方式，公司可与担保人具体商议。

（2）公司分级时，当地公司在同级条件下可以提高一级。

（3）投标时，当地公司在授标时的标价可以享受优惠（这种情况不多）。

（4）当地公司可享有预付款，一般为合同额的 25%，但是最高不超过 500 万迪拉姆。根据一般测算，如无预付款，工程标价将提高 2%—3%，因而严重削弱了外国公司的竞争力。

（5）履约项目合同时，外国公司须交合同总额 10% 的履约保函，当地公司的履约保函在 5% 左右。

（6）纯当地公司（即 100% 由阿联酋公民所拥有的公司）可以不受限制地购置施工机械、设备、运输车辆，而外国公司，如前所述，每购置一台机械设备，包括小轿车在内，必须同时再租赁一台同样设备。因为有些当地公司闲置机械设备多，做出这样的规定可保护当地公司的利益。根据掌握的材料，重型施工机械 3—6 个月的租金就可购买一台新的设备。

2. 承包工程应注意：阿联酋政府为维护本国的利益和扶持当地的承包商，采取的一些政策大大地增加了外国公司在当地经营的难度和风险。

（1）阿联酋规定外国公司在阿联酋承包工程不享受预付款，必须带资承包。因此，外国公司的固定资产及流动资金的投入量较大，回收期长，特别是对外承包的第一个项目，在筹资方面会有较大压力。

外国公司在与当地公司联合承包或作为当地公司的分包，一般可以争取到一部分预付款。但是对于大工程，业主并不按 15%—25% 的比例付出，即使对于当地公司，预付款最高额也限制在 500 万—700 万迪拉姆。也就是说，合同额为一亿迪拉姆以上的项目，预付款比例最高仅为 5% 左右。

（2）如果外国公司（没有在当地注册公司）分包人购买设备，则需通过总承包商为分包商担保购买，名义上产权属总承包商，实际是分包商出资。但常常在项目结束后，发生产权争议，其结果或是被总承包商全部侵吞，或被迫折价转让给总承包商，使分包商蒙受损失。

（3）项目招标时业主一般都会同时提供一份原材料供应商名录，中标的项目承包企业在进行原材料采购时，只能从供应商名录中选择所需采购的原材料。

中国公司应该根据对阿联酋当地法律、法规、索赔、采购、市场经销等情况和各分包商的技术能力、资信情况的了解，结合自身（资金、人才、专业）特长，制订在阿联酋市场的经营方针和具体策略。而且，欲求发展必先固其基础，从小到大，循序渐进，贸然行事可能会招来巨大亏损。

2008 年金融危机和迪拜债务危机以后，特别是 2014 年中期以来油价骤降，对于市场的担忧一直未平息，项目业主在支付项目款时十分谨慎，拖延拖欠项目工程款的事件时有发生。中国公司在阿联酋开展项目承包时，要充分评估项目业主资金实力和付款信誉，并在项目合同中详细规定项目款结算的方式和时间节点，最大限度规避回款风险。

总之，中国公司在阿联酋承包工程（含分包）务必实事求是，量力而行。既要积极开拓又要慎重稳妥、讲究效益、不图虚名。建议中国公司在阿联酋获取项目后，要争取高质量完工，从而提高本公司的知名度。

案例：在阿联酋开展工程承包业务需指定本地担保人，有中资企业急于开拓当地业务，未经充分考察了解就选定担保人并草草签订担保合同，结果企业苦心经营，一年下来利润还不够支付担保费。而担保合同一旦订立，要想修订合同或更换担保人都极为复杂。还有的担保人由于参与极端组织或存在其他不法行为，长期无法履行担保义务，严重影响了被担保企业正常业务的开展。

【劳务合作方面】

1. 中国公司外派劳务需注意的事项

（1）在招聘外派劳务人员时应仔细介绍阿联酋常年高温的气候特点、阿拉伯民族风俗、当地风土人情及伊斯兰教的有关教规禁忌，外派出国前应对外派劳务人员进行一定时间的针对性培训。

（2）劳务人员应树立严格的职业道德意识，树立明确的打工意识。阿联酋法律严格保护劳工权益，但劳工行为须符合雇佣合同的要求。

（3）不得与阿联酋非法中介、中国个体商人联系此类业务。

（4）在输入阿联酋劳务达到一定数量后须派出管理协调人员，及时处理派出劳务与雇主等方面的纠纷、争执，维护劳务人员合法权益，保证合同的顺利执行。

（5）在与阿联酋公司联系过程中把握好中介费问题，阿联酋雇主雇佣外籍劳工一般通过劳务代理公司，并向代理支付招聘费用，中国公司向雇主或其代理公司都不应支付中介费用，否则将导致中国公司之间的恶性竞争，扰乱中国输入阿联酋劳务市场。若通过国内个体中介商派出劳务一定要掌握中介费数额，劳务到阿联酋后不能依靠个体中间商管理，须及时考虑派出公司自己的管理人员。

（6）阿联酋劳务市场需求变化频繁，菲律宾、印度、巴基斯坦等国劳务代理公司都可随时提供备选劳务人员简历、护照细节等，中国公司提供护照非常慢，经常需1—2月或更长时间，并常要求先签合同再在国内报批办理护照，当地雇主很不理解，觉得耗时太长、手续烦琐，经常因此放弃从中国招聘劳务的计划。阿联酋劳工法对劳工保护较全面，所有合同必须符合劳工法要求，雇主需雇佣劳务时往往只提出其中几项关键的条件、待遇，而其他大部分条款都大致与劳工法要求相同。雇主一般不与公司签雇佣合同，只待劳务人员抵达阿联酋后与本人签，劳工法也只保护雇佣合同的当事主体。只要雇主提出雇佣中国劳务人员的要求并罗列简单的几个关键条款，则可视为与公司的劳务代理协议，公司可就关键条款拟备劳务合作合同，待对方确认后即可开始办理相关手续。若对方确认后2周到1个月仍不能提供劳务人员护照细节以便外方办理签证，则很可能导致外方另寻其他途径。

2. 中国劳务到阿联酋务工的注意事项

阿联酋作为海湾地区较为开放的国家，参考欧美等西方国家的法律政策体系，制定了较完善的管理外国劳工的法律、法规，有效地保护了大量引进的外籍劳务人员的利益。但目前阿联酋劳务市场的收入相对新加坡、以色列甚至非洲某些国家来说仍缺乏吸引力。总体来看，到阿联酋务工主要注意以下事项：

（1）劳务中介

阿联酋劳工法规定，非经合法注册不得经营劳务中介业务。劳务中介只能向雇主收取佣金，不得向劳工索要佣金。劳务中介只负责牵线搭桥直至达成雇主与劳工之间的合同关系为止，对于劳资纠纷不承担任何赔偿责任。由于到阿联酋打工所引起的费用应由雇主支付，因此经营公司应尽量与雇主直接洽谈签合同，避开中介介入。遇到有要求劳工或劳务输出单位支付诸如押金、机票、签证费等费用的中介应格外小心。

（2）雇佣签证

阿联酋劳工法规定，雇用外国劳工须事先向劳工部申请用工指标，只有雇主的项目和用工人数获得批准，并向劳工部出具每名劳工 3000 迪拉姆（约合 5400 元人民币）的银行保函作为抵押之后，才能取得用工指标批文。雇主凭该批文才能给劳工申办雇佣签证。雇佣签证有效期为 60 天，居住期也是 60 天，雇主须在劳工入境后至雇佣签证到期前的期间内承担所有费用，并为劳工办妥一切手续，为劳工取得劳工卡和 3 年有效的工作签证。劳工的合法权益受到侵害时，本人只有凭劳工卡才可以向劳动管理部门投诉，劳动管理部门审理后可决定动用银行保函对劳工进行赔偿。因此，到阿联酋打工，务必持有雇佣签证，否则不受劳工法保护。

（3）雇主和项目

劳工法规定只有雇主才可以做外籍劳务人员的担保人，为其申办劳工卡和居住签证。劳务人员只能给自己的雇主打工，不得转换雇主，除非是有特殊专长。雇主与劳务人员签订的劳动合同受劳动管理部门监管。所以，外派劳务人员抵达后要先与雇主签订劳动合同后方可工作。如果当月未领到工资，一定要立即追索。如果追索无效，可向劳动管理部门投诉，及时获得权益的有效保障。根据新规定，外籍劳务可以转换工作和担保人，且不再受到离境 6 个月的限制，但仅限于他们在原来工作所在的酋长国内进行。

3. 容易引发纠纷的注意事项

从现实情况看，阿联酋劳务市场还是时有纠纷发生，大多数是一些非法中介机构打着外派劳务的幌子，欺骗劳务人员到阿联酋非法务工。据了解，非法中介在国内私招劳务人员通常有以下一些做法：

（1）在与国内有关单位和个人签订合同时，进行欺骗性宣传，虚报阿联酋劳务市场的价格，从中牟取暴利。现实情况是阿联酋劳务市场价格虽然比国内高，但是目前日本、新加坡、土耳其甚至一些非洲国家的劳务价格已经在一定程度上超过了阿联酋。

（2）利用国内出国人员对情况的不熟悉，在签证上做手脚。他们欺骗的对象大多是四川、河南、江浙和福建等地的人员，通常仅为他们办妥赴阿联酋的短期访问签证和旅游签证（有效期最长为 3 个月），有的甚至是两周有效期的过境签证。根据阿联酋法律规定，持上述签证的外籍人员不得在阿联酋从事任何职业。通过上述不正当渠道到阿联酋的人员，出国前通常被一次性收取了数万元的费用，到阿联酋后办不了长签，找不到正当工作，又负担不起回国旅费，所以不得不在街头摆地摊卖小商品，故经常因非法滞留被警察没收商品、罚款和拘留，有的女青年因生活所迫甚至从事非法活动，在当地造成不良的社会影响。

（3）与国内极少数的公司共同参与上述非法劳务输出活动，由这些公司负责招聘人员、办理因公出国护照和相关手续并代收高额手续费，事后按比例分得好处费。

4. 据媒体报道，海湾合作委员会成员国（巴林、科威特、卡塔尔、阿曼、沙特和阿联酋）已经宣布同性恋关系为非法，禁止同性恋者进入这些国家

以上是赴阿联酋务工人员需要注意的事项，建议赴阿联酋工作的人员一定要持有工作签证，到阿联酋之前应对阿联酋劳务市场行情及有关法律法规有较充分的了解，最好通过有关国有国际经济技术合作公司等正当途径进入，如系个体人员介绍，则一定要落实好在阿联酋的工作单位和获得工作签证。此外，应做好思想准备，对工作环境、工资收入等期望不要过高，本人最好具备一定的国外工作素质，如懂外语、有特长、会某种专门技术。

案例：某国内务工人员通过朋友关系主动与阿联酋某建筑企业联系，未了解阿联酋实际务工环境就匆忙赴阿联酋工作。结果抵阿后发现实际工资待遇水平与国内相差无几，但气候常年高温、劳动强度较大，且因吃住行等生活条件不便而与管理人员纠纷不断，工作难以开展，不得已工作不到 1 个月就被遣送回国。

【防范投资合作风险】

在阿联酋开展投资、贸易、承包工程和劳务合作的过程中，要特别注意事前调查、分析、评估相关风险，事中做好风险规避和管理工作，切实保障自身利益。包括对项目或贸易客户及相关方的资信调查和评估，对投资或承包工程国家的政治风险和商业风险分析和规避，对项目本身实施的可行性分析等。建议相关企业积极利用保险、担保、银行等保险金融机构和其他专业风险管理机构的相关业务保障自身利益，包括贸易、投资、承包工程和劳务类信用保险、财产保险、人身安全保险等，银行的保理业务和福费廷业务，各类担保业务（政府担保、商业担保、保函）等。

建议企业在开展对外投资合作过程中使用中国政策性保险机构中国出口信用保险公司提供的包括政治风险、商业风险在内的信用风险保障产品，也可使用中国进出口银行等政策性银行提供的商业担保服务。

中国出口信用保险公司是由国家出资设立、支持中国对外经济贸易发展与合作、具有独立法人地位的国有政策性保险公司，是中国唯一承办政策性出口信用保险业务的金融机构。公司支持企业对外投资合作的保险产品包括短期出口信用保险、中长期出口信用保险、海外投资保险和融资担保等，对因投资所在国（地区）发生的国有化征收、汇兑限制、战争及政治暴乱、违约等政治风险造成的经济损失提供风险保障。了解相关服务，请登录该公司网站地址：www.sinosure.com.cn。

如果在没有有效风险规避情况下发生了风险损失，也要根据损失情况尽快通过自身或相关手段追偿损失。通过信用保险机构承保的业务，则由信用保险机构定损核赔、补偿风险损失，相关机构协助信用保险机构追偿。

四

建立和谐关系

【处理好与王室、政府和商会的关系】

阿联酋是政教合一的联邦制国家。各酋长国实行家族世袭式的统治制度，大权集中在王室家族手中。他们通过政治、经济以及血缘、婚姻关系，构成了上层统治集团。联邦除外交和国防相对统一外，各酋长国均拥有相当的独立性和自主权。联邦各酋长国中，阿布扎比实力最强，迪拜次之，联邦经费基本上由这两个酋长国承担，其中阿布扎比负担最多。

中国企业要在阿联酋发展壮大，不仅要与联邦政府建立良好关系，还需要积极发展与各酋长国政府的关系，同时与王室成员和有影响力的大家族建立联系，保持沟通和交流。提高当地员工雇佣比例是密切与当地政府关系的重要手段。根据公司法规定，在阿联酋自由区以外设立企业须有当地保人，得力的保人将使中国企业在处理与当地关系、中标项目等方面获得帮助。此外，各酋长国工商会在经济活动中也发挥着巨大作用，企业在经营中也应与其保持密切联系。企业需注意向相关部门报告项目进度，企业主要领导应不定期拜访有关部门和地方管理机构。

由于阿联酋就业市场以外国人为主，因此当地工会组织并不强势，但劳工也受到法律保护，雇主需为劳工办理工作签证、保险等手续。

中资企业阿联酋商会总部设在迪拜，是迪拜工商会注册会员，代表中资企业积极参加迪拜工商会的活动，与东亚国家在阿商会开展交流活动。2015年中国商会阿布扎比分会也已成立，正积极加强与阿布扎比工商会的联系。

【尊重当地风俗习惯】

阿联酋虽然是一个伊斯兰国家，信仰伊斯兰教，但国家实行对外全方位开放，政策较开明，对外国人在衣、食、住、行等方面没有太多限制，在超级市场可以买到猪肉及其制品，基本可满足居住在阿联酋的各国人士的需求，值得注意的问题是：

1. 当地每年一次的斋月期间，在日出后和日落前，不许在公共场所和大街上喝水、吸烟、吃东西，当地绝大多数的餐馆和饮品店在这个时间关门停业。

2. 斋月期间，女士们要尽量注意穿长袖衣服和长腿裤，不要太暴露。

3. 除在寓所或有住房的饭店可以喝酒外，其他场所或大街上不许喝酒。

4. 在与当地人交往中，与男士谈话不能主动问及其夫人的情况；与妇女交往只能简单问候几句，不能单独或长时间与她们谈话，更不能因好奇盯住看她们的服饰，也不许给她们拍照，男士不得进入妇女活动的场所。

5. 阿联酋国内节假日较多，还有长达 1 个月的斋月，虽然斋月期间上午工作半天，但实际上办不了事。因此，到阿联酋访问或做生意、办展览要注意避开当地的节假日。

6. 和阿联酋商人谈生意，重要事情必须追踪办理。

7. 阿拉伯人对任何人的邀请及约定往往会加上一句“Inshaala”（如果真主同意的话），此话即表示同意，如无意外发生，约会自当遵守，但国人不可尽信。大致以宗教信仰虔诚及受过高等教育者守约程度较高。

8. 阿拉伯人习惯两人见面时问候十几次才谈正事，除非是非常熟的朋友，应只问候其家庭而不问候其太太。宴客一般均在外面的餐厅，若是在家里宴客，女主人也多不出面。若以咖啡待客，通常是由保温瓶中倒出滚烫的半小杯，喝完后，侍者会继续添加，除非以拇指及中指左右摇晃手中的小杯，表示已足够了，不用再添加。

9. 一般阿拉伯家庭仍是席地用餐，且用手抓食，做客时最好入乡随俗。

10. 目前各邦的主要街道虽都已有街名，甚至街号，但大都以人名为主，名称很长，且房屋仍无门牌号码，找起来相当费时，最好能问明确切地点并带着客户的电话，找不到时，可请当地商店帮忙打电话告知你的位置，请对方派人来接。

11. 阿联酋每年七八月份最热，有时高达50摄氏度，特别是8月份，政府部门或私营企业的负责人大多出国休假，所以在此期间最好不要去拜访。

12. 尊重当地宗教信仰，不与外籍员工谈论宗教话题，避免争论。为有宗教信仰的员工提供方便，节假日主动表示祝贺。

案例：中建中东公司在斋月期间组织向外籍员工提供免费斋饭活动，包括主食和水果饮料等，拉近了与外籍员工的关系。

【密切与当地居民的关系】

阿联酋经济开放度高，除油气、公共事业等行业外，多数行业以外来企业为主，当地居民对外国企业持欢迎态度。由于中国企业相比欧美和日本企业进入晚，当地认知度尚不足，但随着华为、中建、联想等在当地市场份额的扩大，中国企业当地影响力越来越大。中资企业需了解和尊重阿联酋当地的风俗习惯，处理好与当地居民的关系。积极参与当地的社会活动，同时与当地雇员保持良好关系，借助他们向当地居民宣传中国文化。

【承担必要的社会责任】

中国企业在阿联酋开展投资合作，不仅要努力发展业务，还要承担必要的社会责任。

1. 关注热点

要关注业务发展带来的资源、环境、劳工、安全以及社会治理等问题，以免引起当地居民的反感和抵制。其中，劳工问题不仅涉及工薪待遇问题，还包括工作环境、加班时限等；环境问题包括工业生产造成的环境问题，也包括开发资源引起的生态问题。

2. 参与当地活动

阿联酋展会、赛事、慈善等活动多，是展示企业形象的重要舞台。中国企业要积极参与当地组织的各项活动，通过赞助、参与主办、参展等形式对外宣传自身形象。

3. 远离贿赂

腐败和商业贿赂在阿联酋不仅会受到法律制裁，而且将严重影响企业的信誉和公众形象。

4. 安全生产

要增强安全生产意识，强化基础管理，尤其是在建筑、危险化学品等高危行业的中资企业，一定要做好防范，避免安全生产事故发生。

5. 社会公德

中国企业和工作人员，要知法守法，入乡随俗，不做违反当地法律和社会公德的事情，对民族形象、企业声誉与品牌建设负责，对中阿两国的长期友好关系负责。

案例：华为阿联酋公司积极赞助本地赛事和其他活动，如该公司曾赞助在阿莱茵举办的航展，对宣传企业、提高本地影响力起到了良好作用。

【懂得与媒体打交道】

媒体在现代生活中是一种独特的公共资源，有着巨大的社会影响力：媒体不仅广泛传播知识和信息，具有教育功能，而且媒体舆论还成为公众对现实做出反应和抉择的主要依据，影响公共决策，发挥正、负两个方面的作用。中国企业在阿联酋应该懂得如何与媒体打交道。

1. 信息披露

企业应该建立正常的信息披露制度，可设新闻发言人，定期向媒体发布相关信息。

2. 重视宣传

企业在遇有重大事件、涉及社会敏感问题时，特别是遭遇不公正的舆论压力时，应注重宣传引导，做好预案，通过媒体与大众交流。必要时可通过公关咨询公司向媒体散发主导性消息，引导当地媒体进行对本企业有利的宣传。

3. 媒体开放

中资企业可定期向媒体开放，欢迎媒体到企业参观采访，了解企业的真实发展情况。

4. 尊重信任

为提高中国企业的公众形象，企业不要拒绝媒体，更不能对记者无礼，而是要平等、信任、尊重、真诚、坦荡地面对媒体，与媒体形成良性互动的和谐关系。

案例：华为阿联酋公司 2015 年在迪拜发布 P8 手机，发布会邀请了多家中东媒体参加，并邀请中东明星代言。其后积极在纸媒、网络、路边广告栏等发布广告，品牌形象大大提高，现在当地已成为仅次于苹果和三星的手机品牌。

【学会和执法人员打交道】

警察、工商、税务、海关、劳动及其他执法部门是维护阿联酋社会秩序的国家行政力量。对辖区内居民和外国人查验身份证件、询问相关事项以及搜查某些地点，是阿联酋执法者的职责。中国企业相关人员要学会与这些执法者打交道，积极配合他们执行公务。

在严格要求凭身份证、工作卡、上岗证等上班的石油、炼油、电厂等工地，严禁工人使用他人证件上岗，违者将受到严厉制裁，甚至遭到起诉。

1. 普法教育

中资企业要建立健全依法经营的管理制度，聘请律师对员工进行普法教育，让员工了解在阿联酋工作生活必备的法律常识和应对措施，做到知法守法，合理应对。

2. 携带证件

配合查验中方人员出门要随身携带身份证件或者护照。营业执照、纳税清单等重要文件资料要妥善保管。

遇有执法人员检查身份证件，中方人员要礼貌地出示自己的证件，回答警察的问题；如果没有携带证件也不要惧怕，不要躲避，更不要逃跑，而要说明身份，或者写出联系电话，让公司派人联络。

3. 合理要求

遇到执法人员搜查公司或住所，应要求其出示证件和搜查证明，并要求与中国企业律师取得联系，同时报告中国驻阿联酋大使馆。遇到证件或财物被执法人员没收的情况，应要求执法人员保护中方企业的商业秘密；出具没收证件或财物的清单作为证据，并记下执法人员的警号和车号；交罚款时需向警察索要罚款单据。

4. 理性应对

遇有执法人员对中国企业人员或企业不公正待遇，不要与执法者发生正面冲突，更不能触犯法律，而是要理性应对，做到有理、有利、有节，可通过律师进行处理，捍卫自己的合法权益。

【依法保护生态系统】

阿联酋自然生态环境虽然一般，植被稀少，但当地对环境和生态保护要求较高，中资企业和个人在阿联酋开展投资合作，要遵守当地环境保护相关法律法规，自觉保护当地环境，注意节能节水，保持环境卫生。

【传播中国传统文化】

中国传统文化是世界文化百花园中的一朵奇葩，有着独特的魅力。中国企业和个人在阿联酋开展投资合作，既要学习阿联酋当地文化，尊重当地风俗习惯，也要注意传播中国优秀的传统文化。过中国节日时可向外籍员工及对外派发纪念品和宣传材料，让当地人了解中国文化，理解中国人的发展理念、价值观念，以便相互理解，以诚相待。

案例：中航国际阿联酋公司在春节等中华传统节日期间，向外籍员工和客户派发中国特色纪念品和宣传册，传播中华文化。此外，中资企业也积极协助和参与使领馆举办的招待会、“中国人眼中的阿联酋摄影展”等。

【维护客户关系】

在阿联酋市场经营需特别注意培育和维护客户关系。阿联酋有上百年的商业历史，迪拜、阿布扎比是传统商贸集散地，目前更是中东北非地区商贸中心，商业氛围浓厚。当地人既有阿拉伯人的热情好客，也有与生俱来的生意人的精明。因此，在当地构建和谐关系既需要广交朋友，尊重当地风俗，尽力融入商业圈；也需要树立长期经营的意识，为客户创造价值。对待同行业企业，既要有竞争，也要寻求合作共赢，通过成立联合体、分包等方式，建立长期合作关系。

【处理紧急事项】

1. 寻求法律保护

中国企业在当地如有贸易纠纷，可向各酋长国工商会的法务部门咨询，亦可与中国驻阿联酋大使馆经商参处或驻迪拜总领馆经商室联系咨询，还可向中国商会咨询律师推荐信息，寻求帮助。

赴阿联酋务工人员如遇与雇主纠纷，可向阿联酋劳工部投诉或咨询，亦可与中国驻阿联酋大使馆领事部、大使馆经商参处或驻迪拜领馆领事部、领馆经商室联系咨询，寻求法律协助。

如遇商业纠纷，可考虑通过仲裁方式解决。目前阿联酋仲裁活动的法律依据是《阿联酋民事程序法》，即1992年联邦第11号法令。阿联酋主要仲裁机构有阿布扎比商业调解及仲裁中心（ADCCAC）、迪拜国际仲裁中心（DIAC）等，这些仲裁机构与所在酋长国商会有密切联系。

2. 寻求当地政府帮助

阿联酋地方政府重视外国投资。中国企业在阿联酋投资合作当中，要与所在地政府相关部门建立密切联系，并及时通报企业发展情况，反映遇到的问题，寻求所在地政府更多的支持。

遇到突发事件，除向中国驻阿联酋大使馆（领事馆）或使馆经商参处（室）、公司总部报告以外，应该直接与所在地的阿联酋地方政府取得联系，取得支持。

3. 取得中国驻当地使（领）馆保护

中国企业与当地的政府部门或企业发生纠纷时，可寻求中国驻阿联酋大使馆经商参处调解；如果上升到法律诉讼，中国人被羁押，可向中国驻阿联酋大使馆领事处寻求领事保护。

中国驻阿联酋大使馆

电话：00971—2—4434276

传真：00971—2—4435440

中国驻阿联酋大使馆经济商务参赞处、中国驻迪拜总领事馆经济商务室

中国驻迪拜总领馆

电话：00971—4—3944733

传真：00971—4—3952207

4. 建立并启动应急预案

中国企业到阿联酋开展投资合作，要客观评估潜在风险，有针对性地建立内部紧急情况预警机制，制订应对风险预案。对员工进行安全教育，强化安全意识；设专人负责安全生产和日常的安全保卫工作；投入必要的经费购置安全设备，给员工上保险等。

采取应急措施遇有突发自然灾害或人为事件发生，应及时启动应急预案，争取将损失控制在最小范围。遇有火灾和人员受伤，应及时拨打当地火警和救护电话；之后立即上报中国驻当地使领馆和企业在国内的总部。

【阿联酋中国商会】

阿联酋中国商会是由在阿联酋中资企业和机构组成的非营利性的社会团体。2004 年 6 月 22 日，在中国驻阿联酋使领馆的领导和指导下，阿联酋中国商会正式成立并在中国商务部备案，获得了阿联

酋商会联合会的认可。2010年5月，迪拜工商会为中国商会颁发了正式注册证书，确立了阿联酋中国商会在迪拜的合法地位，使之加入了外国在迪拜商协会行列。

阿联酋中国商会现任会长为中国海运（阿联酋）代理有限公司总经理王耸。随着中国和阿联酋经贸关系的不断深入发展，阿联酋中国商会会员单位也由创建初期的60家发展到目前150多家单位会员和12家团体会员。阿联酋中国商会秘书处设在中国贸促会驻海湾地区代表处，秘书长由贸促会代表处首席代表出任。

阿联酋中国商会的宗旨是推动在阿中资企业和机构间的相互协调、信息、沟通和业务合作；维护会员合法权益，代表会员对外交涉；增进与当地政府和工商界的了解和交流，扩大与阿联酋的经贸合作；反映会员愿望，为会员提供多种形式的服务；指导和协调中资企业合法经营、公平竞争，协商解决重大经营问题等。

致力于在阿联酋发展壮大的中国投资者可加入阿联酋中国商会，在商会的协助下开展业务。中资企业及公民在阿联酋如遇突发状况，可与中国商会等组织取得联系。阿布扎比、迪拜英语普及程度较高，如遇紧急情况且语言不通，应尽快通过各种联系方式与中国使馆领事部门取得联系，告知所遇困难及地理信息，以便尽快解决。如属一般情况，可到旅行社或翻译公司雇用专业翻译。

【阿联酋部分政府部门和相关机构一览表】

1. 国防部

邮箱：DubaiP.O.Box：2838

电话：00971—43532330

传真：00971—43531974

网址：www.mod.gov.ae

2. 内政部

邮箱：AbuDhabiP.O.Box：398

电话：00971—24414666

传真：00971—24022776

网址：www.moi.gov.ae

3. 教育部

邮箱：AbuDhabiP.O.Box：295

电话：00971—24089999

传真：00971—24438866

网址：www.moe.gov.ae

4. 高等教育和科学研究部

邮箱：AbuDhabiP.O.Box：45253

电话：00971—26428000

传真：00971—26428778

网址：www.mohesr.gov.ae

5. 经济部

邮箱：AbuDhabiP.O.Box：901

电话：00971—26131111

传真：00971—26260000

网址：www.economy.ae

6. 能源部

邮箱：AbuDhabiP.O.Box：59

电话：00971—26262288

传真：00971—26272291

网址：www.moenr.gov.ae

7. 社会事务部

邮箱：AbuDhabiP.O.Box：261

电话：00971—42637777

传真：00971—42633525

网址：www.msa.gov.ae

8. 卫生部

邮箱：AbuDhabiP.O.Box：848

电话：00971—26520500

网址：www.moh.gov.ae

9. 文化、青年和社区发展部

邮箱：AbuDhabiP.O.Box：17

电话：00971—24466145

传真：00971—24453504

网址：www.mcycd.ae

10. 财政部

邮箱：AbuDhabiP.O.Box：433

电话：00971—26726000

传真：00971—26768414

网址：www.mof.gov.ae

11. 总统事务部

邮箱：AbuDhabiP.O.Box：280

电话：00971—26222221

传真：00971—26222228

网址：www.mopa.ae

12. 外交部

邮箱：AbuDhabiP.O.Box：1

电话：00971—24444488

传真：00971—24449200

网址：www.mofa.gov.ae

13. 公共工程部

邮箱：AbuDhabiP.O.Box：878

电话：00971—26260606

传真：00971—26260026

网址：www.mopw.gov.ae

14. 司法部

邮箱：AbuDhabiP.O.Box：260

电话：00971—26814000

传真：00971—26810680

网址：www.moj.gov.ae

15. 劳工部

邮箱：AbuDhabiP.O.Box：809

电话：00971—42148000

传真：00971—24494293

网址：www.mol.gov.ae

16. 内阁事务部

邮箱：AbuDhabiP.O.Box：899

电话：00971—24039999

传真：00971—26777399

网址：www.moca.gov.ae

17. 联邦国民议会事务部

邮箱：AbuDhabiP.O.Box：130000

电话：00971—24041000

传真：00971—240411

网址：www.mfnca.gov.ae

18. 环境和水资源部

邮箱：AbuDhabiP.O.Box：213

电话：00971—24444740

传真：00971—24490444

网址：www.moew.gov.ae

19. 国际合作和发展部

邮箱：P.O.Box：110555

电话：00971—26544444

传真：00971—26544443

网址：www.micad.gov.ae

20. 各酋长国市政厅

阿布扎比，www.adm.gov.ae

迪拜，www.dm.gov.ae

沙迦，www.shjmun.gov.ae

阿治曼，www.am.gov.ae

乌姆盖万，POB：12，Ummal Quwain

哈伊马角，www.rakmunicipality.com

富查伊拉，www.fujairahmunc.gov.ae

21. 各酋长国工商会

阿布扎比工商会：www.abudhabichamber.ae

迪拜工商会：www.dubaichamber.com

沙迦工商会：www.sharjah.gov.ae

哈伊马角工商会：www.rakchamber.ae

乌姆盖万工商会：www.uaqcci.ae

富查伊拉工商会：www.fujcci.ae

阿治曼工商会：www.ajmanchamber.ae

22. 其他部门及相关机构网址

阿布扎比民航局，www.dcaauh.gov.ae

阿布扎比海关，www.auhcustoms.gov.ae

阿布扎比警察总局，www.adpolice.gov.ae

阿布扎比环境局，www.ead.ae

阿布扎比发展基金会，www.adfd.ae

迪拜投资发展局，www.ddia.ae

迪拜经济发展部，www.dubaided.gov.ae

迪拜发展委员会，www.dubaidb.gov.ae

迪拜道路交通局，www.rta.ae

迪拜港务局，www.dpa.co.ae

迪拜移民局，www.dnrd.gov.ae

迪拜法院，www.dubaicourts.gov.ae

迪拜海关，www.dubaicustoms.gov.ae

迪拜房地产局，www.realstate—dubai.gov.ae

迪拜宗教基金和伊斯兰事务部，www.awqafdubai.gov.ae

迪拜货运区，www.dubaicargovillage.com

迪拜港口和海关，www.dxbcustoms.gov.ae

迪拜水电局，www.dewa.gov.ae

迪拜警察局，www.dubaipolice.gov.ae

迪拜交警，www.dxbtraffic.gov.ae

沙迦警局，www.shjpolice.gov.ae

沙迦海关，www.sharjahcustoms.gov.ae

迪拜媒体城，www.dubaimediacity.com

迪拜免税店，www.dubaidutyfree.com

本章要点

阿联酋联邦政府负责对外贸易投资管理的部门主要是经济部。

阿联酋是一个低税国家，境内无企业所得税和个人所得税、增值税、印花税等税种。阿联酋没有联邦税收体系，税收制度由各酋长国自行规定。

根据阿联酋《商业公司法》，企业组织结构分为七类：普通合伙公司、有限合伙公司、合资公司、公开合股公司、非公开合股公司、有限责任公司、合股经营公司。

对于外国投资者而言，在阿联酋的自由贸易区（FTZ）和经济特区（SEZs）设立公司是极具吸引力的选择。

对于外国投资者而言，在自由区及经济特区内投资的优势主要体现在：1. 外资可 100% 控股；2. 资本与货物可全部回流；3. 无最低投资资本要求；4. 股东责任仅限于实收股本；5. 无股比限制；6. 无企业所得税；7. 无个人所得税；8. 完善的厂房及仓储设施；9. 完善的基础设施、支持服务及通信条件。

正常情况下，每天的工作时间最长为 8 小时，每周 481 小时。经劳工部同意，某些特殊工作部门或工作性质，工作时间可以延长或减少。《劳工法》第 65 条规定，斋月期间，每天的工作时间应减少 2 小时。周五是所有工人的休息日。

阿联酋境内共有三类执照：商业执照用来从事贸易活动；工业执照用来从事工业或制造业活动；专业执照用来从事专业服务、手工业和艺术活动。

阿联酋本国企业与外国企业合资投资一般采用两种方式：一是用现金作为资本直接投资于合作的项目；二是以土地、厂房、车辆等实物投资。

在阿布扎比开展业务必须找当地代理人，因为公司资格预审中必须担保人出面签字并提供担保合同。

据媒体报道，海湾合作委员会成员国（巴林、科威特、卡塔尔、阿曼、沙特和阿联酋）已经宣布同性恋关系为非法，禁止同性恋者进入这些国家。

在阿联酋开展投资、贸易、承包工程和劳务合作的过程中，要特别注意事前调查、分析、评估相关风险，事中做好风险规避和管理工作，切实保障自身利益。包括对项目或贸易客户及相关方的资信调查和评估，对投资或承包工程国家的政治风险和商业风险分析和规避，对项目本身实施的可行性分析等。

中国企业在当地如有贸易纠纷，可向各酋长国工商会的法务部门咨询，亦可与中国驻阿联酋大使馆经商参处或驻迪拜总领馆经商室联系咨询，还可向中国商会咨询律师推荐信息，寻求帮助。

AE UNITED ARAB EMIRATES

第六章

阿联酋旅游指南

06

一见迪拜误终身

有人评论金庸的《神雕侠侣》时说：“风陵渡口初相遇，一见杨过误终生”，意思是见到杨过这样的英雄男子，便终身不能忘记，魂牵梦绕。从这个角度来说，我们完全可以说“一见迪拜误终身”，迪拜，同样是一个魅力四射，让人难以忘怀的地方。

迪拜理所当然是阿联酋最为亮眼的一张名片，单是计算出现在好莱坞电影里的次数，就可以知道这个极度繁华的城市在美国人心中的地位。笔者印象比较深的，一个是阿汤哥在《碟中谍》里徒手爬迪拜塔，另一个是《速度与激情》里的空中两连跳。熟悉这两段情节的读者可以发现，事实上好莱坞对迪拜的认知是相当有局限的——把迪拜单纯地看作物质的高度集中和物欲的强烈展示。这当然不能代表迪拜的全部，迪拜的气质并不单纯是耀眼的、明亮的，如同那个武功高强，人又帅气的杨过，同样有温柔敏感的一面，迪拜的繁华喧嚣背后，是宽厚温暖的文化在做支撑，是隐藏在沙漠里的优雅与温柔。

当然，迪拜不能代表阿联酋，如果非要选择一个城市，那么阿布扎比可能更具代表性，更具有明显的阿联酋气质。阿布扎比的奢华程度和舒适程度绝对不逊于迪拜，甚至犹有过之，但阿拉伯人独有的骄傲和内敛造就了阿布扎比更为保守的性格，相比于迪拜的直爽明快，这个城市的气质更加耐人寻味。关于精神气质的东西总是很难表达，阿布扎比的风格也许更适合旅行者花一段时间慢慢熟悉、深入、挖掘和印记。正如这个国家深厚的沙漠，它的内涵和美也是深深隐藏着的。

在这一章，我们简要介绍了阿联酋的旅游景点、相关信息和注意事项，无论是专程游玩，还是商务旅行，都可以抽时间领略一下这个国家与众不同的文化和气质。对于一个商人来说，唯有了解对方的历史、文化和气质，才能够真正站在所在的国家立场上处理信息、考虑问题，一头扎到写字楼里一定做不成生意。对于一个旅游爱好者来说，阿联酋在全世界范围内都是一个不容错过的独特国家，只要稍稍沉下心来感受，就能看到很多超越了刻板印象的有意思的东西。

一

阿联酋的旅游环境

【气候】

阿联酋属热带沙漠气候，冬夏季鲜明，阳光充沛，晴朗蔚蓝的天空全年可见。每年 5 月—10 月为夏季，白天空气湿度很大，最高温度可达 50 摄氏度左右。紫外线比较强，太阳镜、帽子以及防晒霜是必备品。尽管夏天海水温度会超过 30 摄氏度，但是酒店里的游泳池水温通常都会保证很凉爽和清新。其他的月份里，阿联酋的温度通常很适中，温度最低能达到 10 摄氏度，进入 12 月和 1 月每日最高气温可达到 25 摄氏度。最凉爽的季节通常在 12 月到次年 3 月。尽管降雨很少，但当雨水降临的时候也就意味着最凉爽季节的到来。对于户外运动来说，来此地的最佳季节为每年的 10 月到次年的 4 月。由于现在各大购物中心和娱乐场所都配备了先进的空调设施，能在最热的季节为游客们提供多种多样的室内活动项目，从而促使阿联酋的各大都市都成为终年值得一游的度假胜地。

【旅游季节】

11月至次年3月是最佳旅游时间，属热带沙漠气候，夏季炎热潮湿（5月—10月），气温为40℃—50℃，冬季（11—翌年4月）气温为7℃—20℃，偶有沙暴。平均降水量约100毫米，多集中于1—2月间。

【衣着】

夏季服装以短袖或薄长袖衬衫为佳，必要时可打领带；冬季以较厚之衬衫为宜，早晚可加一件夹克或毛衣，正式场合则可配以夏季西服。在阿联酋旅游最大的威胁就是被日光晒伤和脱水。夏季的阳光非常强烈，在户外活动时要穿长袖衣服，戴帽子，暴露部位要抹防晒霜，多饮水。

【节日】

迪拜购物节

时间：1月至2月之间

地点：迪拜

每年的1月至2月间，迪拜各大购物点会有大型的购物节优惠活动。

回教新年

时间：4月7日

地点：全国

回教徒的新年，大批的回教徒会去参拜清真寺，那天的清真寺也装饰得格外漂亮。

迪拜夏日惊喜

时间：6 月至 7 月之间

地点：迪拜

迪拜冬夏两季的购物节已成为迪拜的另一个不是节日的节日了，为了吸引游客，迪拜政府联合商场、酒店、餐厅开展一些打折抽奖、娱乐表演、时装发布会、艺术展览等各式各样促进购物的活动。

斋月

时间：7 月中至 9 月中某 30 天

地点：全国

伊斯兰教历第九个月，在这一个月中，穆斯林改变以往的饮食习惯，日出之前进餐，日落之后进餐，而中间的时间则不再进食、喝水，不再有性行为，但日落后开斋以后则一切又恢复正常，以此坚持 30 天。

开斋节（Eid al—Fitr）

时间：斋月的最后一天

地点：全国

亦称“尔德节”，该教规定穆斯林在伊斯兰教历九月斋戒一个月。在斋月的最后一天寻看新月（月牙），见月的次日即行开斋为开斋节，并举行会礼和庆祝活动。如未见月，则继续斋戒一天，第二天开斋。

阿联酋联邦政府建立纪念日

时间：12 月 1 日

地点：全国

举国上下共庆所取得的经济建设成就，各地节日促销活动一个接一个，展现在人们面前的阿联酋仍然是一片繁荣昌盛的景象。

国庆日

时间：12 月 2 日

地点：全国

官方会有大型的庆典活动，人民也自发地庆祝，还有宗教仪式。

阿联酋建军节

时间：12 月 10 日

地点：全国

官方有大型的阅兵仪式，很特别。

宰牲节（Eid al—Adha）

时间：伊斯兰教历 12 月 10 日—12 日

地点：全国

亦称“古尔邦节”，伊斯兰教历 12 月 10 日举行，也是朝觐者在麦加活动的最后一天。相传易卜拉欣圣人受安拉的启示，命他宰杀儿子易司马仪献祭，以考验他对安拉的忠诚。当易卜拉欣遵命执行时，安拉又命以羊代替，伊斯兰教继承古阿拉伯人这一习俗，规定该日为“宰牲节”。穆斯林每逢此日沐浴盛装，举行会礼，互相拜会，宰牛羊互相馈赠以示纪念。

骆驼大赛

时间：不定时

地点：阿布扎比

吸引了数以百计的骆驼们来竞争价值不菲的奖品，最好的骆驼被予以重奖，既奖励骆驼也奖励饲养者。赛骆驼已经成为这个国家的最受欢迎的观赏体育项目。

【时差】

阿联酋和中国有 4 个小时的时差，比中国慢 4 个小时。即假设现在是北京时间 16 点，那么阿联酋是中午 12 点。假如实行夏时制冬时制，部分时间是相差 5 个小时。

【货币】

阿联酋法定货币为迪拉姆（Dirham）（简写为：DHS 或 AED）。面值有 5 迪、10 迪、20 迪、50 迪、100 迪、200 迪、500 迪、1000 迪。硬币有 2.5 角、5 角、1 迪。

欧元、英镑、法郎、澳元和各个中东国家货币都可以在阿联酋兑换。

人民币在阿联酋不流通，也有少数兑换柜台可以兑换，但汇率较低。从中国来的旅游者最好换成美元带过来。兑换柜台汇率最好的是UAE Exchange，也可在NBD Bank兑换，但银行排队的人较多。换货币没有手续费，机场也有兑换柜台，汇率较低。在各大商场均能找到兑换柜台和银行。

机场免税店购物可以接受美元和欧元，可刷银联卡。计程车付费只能接受迪拉姆不能刷卡。

携程等旅游服务商已经可以提供外币兑换服务，例如在携程APP首页“外币兑换”频道，可以使用“手机支付，到店取钞”服务，免预约、不排队，可在机场快速取钞。

Visa以及MasterCard可在阿联酋广泛使用。目前，阿联酋境内Mashreq、花旗银行和渣打银行的ATM可使用银联卡提取当地货币或者美元。大部分提款机可以用银联卡提现。柜台带有银联标志的可以刷中国的信用卡。

【语言】

阿联酋为阿拉伯国家，使用阿拉伯语。但英语基本通用。阿联酋大部分工作人员均为国外打工者，尤其以印巴人居多，他们都讲英语，但有口音，比较难听懂。这些工作人员主要为出租车司机、酒店服务生等。目前中国工作人员在酒店也开始增多，尤其是中国人热衷的高级酒店。

【风俗习惯】

阿联酋为阿拉伯国家，大部分人信奉伊斯兰教，而且比埃及等国更加保守。阿拉伯人基本穿当地传统服饰，即男士穿白袍戴头巾，女士穿黑袍并蒙脸。但是迪拜等外来游客和务工人员增多，因此身着时髦服装和前卫打扮的人也很多，沙滩上也都是身着比基尼的外国女性，这两种完全不同的文化在迪拜同时存在。即游客可以保持自己的随意着装，同时，对当地风俗表示尊重。请注意以下内容：

1. 禁忌轻视真主的命令。禁忌轻视真主的命令，否认圣行，用真主的专用名如热哈吗尼（普慈的）、勒黑木（特慈的）给人命名等；禁止崇拜偶像，穆斯林只能有一个偶像，就是真主。

2. 遵照古兰经中规定的穆斯林饮食范围和习惯。禁食猪、马、骡、驴、狗、蛇、火鸡、自死肉、浮水鱼以及一切动物的血；禁食虎、狼、狮、豹、熊、象、猴、鹰、鹞等鸷鸟猛兽；禁吸鸦片，禁饮酒等。

3. 每年斋月期间的禁忌。日出后和日落前，不允许在公共场所和大街上喝水、吸烟、吃东西。多数的餐馆和饮品店会在这个时间停业。女士不要穿得太暴露，尽量穿长袖衣服和长裤。

4. 喝酒禁忌。只允许在住处和饭店喝酒，其他场所或大街上不许喝酒。

5. 与妇女相处的忌讳。与当地人交往，不能同妇女单独或长时间谈话，只能简单问候几句，不能盯住她们的服饰看，不能给她们拍照。与先生谈话不能问及其夫人的情况。一些虔诚的伊斯兰信徒不喜欢和女人握手。如果在社交场合需要握手的时候，要等待别人先伸出手。

6. 用餐的规矩。一般阿拉伯家庭是席地用餐，并用手抓食，做客时最好入乡随俗。

7. 关于小费。阿联酋是免税的，但多数酒店和餐厅会在账单上加收 10%—16% 服务费，因此不用付小费。如果账单没有包括小费，就要付账单的 10% 费用作为小费。对待出租车司机、搬运工、邮递员、清洗工等通常付 2 迪拉姆小费。

8. 关于拍照。如果要给当地人拍照，要事先征得同意。

【电压】

阿联酋使用英式方形三相插头，电压与国内一样为 220 伏。

【电话】

阿联酋国际电话区号为 +971。

手机通行 GSM 和 3G 制式，国内手机可直接使用。同一酋长国内固定电话间通话免费。手机通话费在阿联酋境内一般为 1 分钟 0.1—0.5 迪拉姆。

如同中国的移动和联通，在迪拜也有两大通讯公司垄断着手机通信市场，Etisalat 和 Du。Etisalat 三个月卡 visit card 为 60 迪含 10 迪通话费；Du 三个月卡 visit card 为 49 迪含 20 迪通话费。

【网络】

阿联酋互联网较发达，宾馆和住宅楼一般都有互联网，在机场有无线网络覆盖。

机场内 WIFI 免费，信号名称为 maxpot。其他咖啡厅和餐吧等很多都有 WIFI 的连接点，如果在餐厅或咖啡厅消费可以询问店员用户名和密码。老城区有一些网吧，收费不贵。

【邮局和明信片】

旅游爱好者们通常比较喜欢从景点给亲朋好友邮寄明信片，从阿联酋寄回国内的明信片邮资约为 0.7 迪拉姆，有时可以请酒店大堂代寄。

迪拜邮局一般独立在各个区内，需要打车或驾车才能到达。如果需要寄明信片，各大商场内有红色信筒，一般在进门处。如迪拜国际机场 1 号航站楼靠近 118 号登机口有邮局 24 小时营业。

【治安】

阿联酋国家的治安非常好，交通安全，人民有礼貌。但阿联酋还有很多外国务工人员，鱼龙混杂。所以建议避免在公开场合暴露贵重物品及大量现金。上街时需时刻看管好首饰、相机等随身物品。托运的行李有损坏或丢失，请及时在机场填写行李损失及丢失单。晚上不要单独外出，最好多人一起活动，至少两人。过马路时请遵守交通规则。

【历史】

公元7世纪隶属阿拉伯帝国。自16世纪开始，葡萄牙、荷兰、法国等殖民主义者相继侵入。1820年英国入侵波斯湾地区后，强迫当地7个酋长国与其签订“永久休战条约”，此后逐步沦为英国的保护国。1971年3月1日，英国宣布同波斯湾各酋长国签订的条约于年底终止。同年12月2日，阿拉伯联合酋长国宣告成立。由阿布扎比、迪拜、沙迦、哈伊马角、富查伊拉、乌姆盖万和阿治曼7个酋长国组成联邦国家。

【文化】

阿联酋是阿拉伯国家，国教是伊斯兰教，绝大部分居民是穆斯林。阿联酋实行政教合一，对其他宗教人士奉行信仰自由的政策，在中东伊斯兰国家中，阿联酋的宗教政策最为开放。在阿联酋随处可见规模大小不同的清真寺。阿联酋的大多数酋长国，信奉逊尼教派，而迪拜则以什叶派居多。

【医疗 / 急救】

阿联酋没有特定的疫情或传染病。但阿联酋高温炎热，长期待在空调房中须注意预防“空调病”和感冒。

主要医院及联系方式：

阿布扎比：

哈里发医院：02—6102000

努尔医院：02—6265265

迪拜：

拉希德医院：04—3374000

巴拉哈医院：04—2221211

当地医疗硬件设施完备，但医疗水平有限；遇到小感冒发烧可以在居民区附近找私家诊所就诊，收费不贵，挂牌营业。如遇到交通事故、意外伤害可就近到各大医院就诊。

在阿联酋，比较著名的大医院有：

伊朗医院 Iranian Hospital，伊朗的医资在海湾地区相当有名，驻迪拜的这家伊朗医院从设备药品到医生护士 80% 来自伊朗，虽然本身是一家私立医院，但声望颇高，价格适中。

地址：Al Wasl Road，Al Bada，Dubai

电话：04—344—0250

Rashid Hospital，公立医院，急诊免费。普通治疗收费适中，医疗设备医资力量相当于国内三甲医院。

地址：OudMetha Road，Umm Hurair Second，Dubai

电话：04—219—2000

美国医院 American Hospital，私立医院，全院挂牌医生均来自欧美，医疗设备先进，同时收费也不菲。

地址：OudMetha Road，Dubai

电话：04—377—6644

【重要电话】

急救：998

匪警：999

火警：997

【治安情况】

自 1971 年建国以来，阿联酋政局稳定，迄今未发生过恐怖袭击（爆炸），遭受恐怖袭击的可能性较小。阿联酋社会治安良好，刑事暴力类案件较少，但近年来由于外来人口增多，流动性大，偷盗和抢劫案件也偶有发生。因此外出时务必保管好自己的财物，单身女性深夜外出须注意个人安全。一旦被盗或被抢应及时报案。尚未发现针对中国公民的典型案件。

其他注意事项：

1. 游客中心

不建议去游客中心，有问题可以在各大商场的咨询台询问。

2. 地图

机场的 Information 柜台可以拿到免费地图，详细的交通地图和迪拜市区图可以在各大商场内的图书店铺买到。

【开放免签】

从 2016 年 11 月 1 日开始，阿联酋对中国公民开放免签，中华人民共和国公民持有效期 6 个月以上的普通护照入境阿联酋，无须预先申请签证，且入境不收取任何费用，可停留30天。

【领馆信息】

阿联酋驻中国大使馆

地址：北京市亮马河南路14号塔园外交人员办公楼2—6—2

电话：010—65327650，65327651，65327653

传真：010—65327652

电子邮箱：Info@UAEemb.com

阿联酋驻上海总领事馆

地址：上海市北京西路1080弄24—26号静鼎楼

电话：021—62557776

传真：021—62556252

领区：上海、江苏、浙江、安徽、福建

阿联酋驻香港总领事馆

地址：湾仔告士打道38号美国万通大厦2205—6室

电话：852—28661823

传真：852—28661690

中国驻阿联酋大使馆

地址：阿布扎比西22区26号

PLOT NO.26，SECTOR NO.W—22，ABU DHABI

信箱：P.O.BOX 2741，ABU DHABI，UAE

电话：00971—2—4434276

传真：00971—2—4436835，4435440

网址：http：//ae.china—embassy.org

http：//ae.chineseembassy.org

电子邮箱：chinaemb_ae@mfa.gov.cn

中国驻迪拜总领馆（阿联酋）

地址：迪拜市萨法二区乌姆阿勒施义夫大街 357 区 8 号街 14 号

信箱：9348，迪拜，阿联酋

国家地区号：00971—4

电话：3944733

传真：3952207

网　址：http：//dubai.chineseconsulate.org/chn；http：//dubai.china—consulate.org/chn/

电子邮箱：chnchslt@hotmail.com

二

交通情况

【飞机】

迪拜国际机场（Dubai International Airport，简称 DXB）

迪拜国际机场是中东地区最大的空中枢纽，同时也是阿联酋航空（Emirates）及其廉航飞翔迪拜（FlyDubai）的总部。迪拜国际机场是全球少数位于市区内的机场之一，机场附近没有高楼是为了能见度考虑。相反，迪拜的摩天高楼全部在城市边缘的 Jumeriah 区。

迪拜国际机场分为 1 号航站楼、2 号航站楼、3 号航站楼。1 号航站楼接待除阿联酋航空公司（EK）以外的其他航空公司乘客；2 号航站楼接待 Fly Dubai（FZ）全部乘客以及部分周边国家廉价航空公司乘客；3 号航站楼接待全部阿联酋航空公司（EK）乘客。事实上，随着迪拜国际机场在世界上扮演越来越重要的角色，现有的航站楼已经接近饱和，尤其是在半夜的高峰时段。从 1 号航站楼和 3

号航站楼相连，机场内转机乘客可以任意从 1 号航站楼走到 3 号航站楼；1 号航站楼转机 2 号航站楼的乘客需要联系 Transfer Desk E 柜台员工办理登记牌并安排免费接驳小巴；从 3 号航站楼转机 2 号航站楼乘客需要联系 Transfer Desk H 柜台员工办理登机牌并安排免费接驳小巴。

从机场到市区，常见的交通方式有：

1. 轻轨：在轻轨运营时间内，可选择轻轨交通。

2. 计程车：机场计程车，专门从机场接到乘客送至任何地方。这样的计程车没有什么区别，只有起步价的区别：普通四人座轿车起步价为 20 迪拉姆，1.6 迪 / 公里；家庭厢式车和粉顶女士用车起步价为 25 迪拉姆，1.77 迪 / 公里；在机场打车，会有专门的分配人员指定你到某一辆车去，他们多数会推荐粉色顶的计程车，但是可以自己选择，可以拒绝而选择普通的四人轿车。1 号航站楼计程车停靠位置位于出大厅直走方向；2 号航站楼计程车停靠位置位于出大厅右转尽头；3 号航站楼计程车停靠位置位于靠近 Exit 2 左手位。

3. 公交车：1 号航站楼有 C1、64、32、11A；2 号航站楼有 C26、C2、13B；3 号航站楼有 C1、88；注：C 开头是 24 小时环线巴士。

阿布扎比国际机场（Abu Dhabi International Airport，简称 AUH）

阿布扎比国际机场是全球客流量、新航班增开数量和基础设施投资发展最快的机场之一，它也是阿联酋第二大机场，机场航站楼区域由阿联酋第二大航空公司——阿提哈德航空公司管理，阿联酋的第一大航空公司是阿联酋航空。该机场新的航站楼已经于2009年开放，现在三个航站楼每年能容纳1200万名乘客。该机场是阿联酋联合航空的枢纽机场。现在被Skytrax评为三星级机场。与迪拜国际机场并称为中东地区两大航空枢纽机场，许多往来于亚洲、欧洲及非洲之间的航班中停于此。

阿联酋联合航空提供穿梭巴士给阿联酋联合航空的乘客由阿布扎比国际机场至迪拜国际机场。

沙迦国际机场（Sharjah International Airport，简称SHJ）

机场位于沙迦酋长国，距迪拜仅30分钟路程。由于迪拜国际机场客流量越来越大，越来越多的国际航班选择降落在沙迦国际机场。主要执飞中东和南亚航线的廉价航空阿拉伯航空以此为根据地。

【长途汽车】

迪拜政府运营着连接迪拜市以及其他6个阿拉伯联合酋长国首都之间的公交车网络，名称是阿联酋特快（Emirates Express）。在迪拜主要的几个公交枢纽都可搭乘。

1. 往返阿布扎比（Abu Dhabi）：迪拜Al Ghubaibah站往返阿布扎比公交总站，行程约两小时，价格为20迪拉姆，6:20发车，每40分钟一趟。

2. 往返沙迦（Sharjah）：迪拜往返沙迦有很多条线路和车，从迪拜的Al Karama站、Gold Souq站、Baniyas Square站、Jebel Ali站和Al Ittihad Square站可以搭乘。截止到2010年12月车票价格为7

迪拉姆。

3. 往返阿莱茵（Al Ain）：迪拜 Al Ghubaibah 站每小时一班，全程约两小时，票价为 15 迪拉姆。

4. 往返富查伊拉（Fujairah）：前往富查伊拉的车从 Rashidiya 地铁站发车，全程需要 3—4 小时。

【租车】

迪拜的路一天一个变化，永远都修不完。所以至今迪拜也没有一份完整详细的交通图，大多数的车上都有 GPS 定位系统。

迪拜的早晚上班时间有堵车的情况，出行避开早 8 点、9 点，晚 16 点、17 点，避开周四周五的 17—21 点。老城区 Deira 附近道路较窄，堵车现象严重。街道小区有很多减速带，迪拜还有很多单行路，注意看指示牌。

小街限速在时速 40 公里以下，主干道限速为 60—80 公里，三条主要大道 Emirates Road、Jumeriah Road 和 Sheikh Zayed Road 时速限制在 70 公里，迪拜到阿布扎比高速路限速为 120—140 公里。迪拜的雷达报警装置很灵敏，小心被拍照，在迪拜的罚款是非常昂贵的。

与中国马路上完全不同的景象是，无论多好的车，开得有多快，遇到行人，要文明礼让，踩下刹车让行人先过。

迪拜租车价格参考[①]：

① 价格为 2014 年平均数字

Compact 74.34 迪 / 天

Economy 74.34 迪 / 天

Medium 122.13 迪 / 天

Sedan 127.15 迪 / 天

Full Size 172.28 迪 / 天

SUV 230.30 迪 / 天

4WD 230.30 迪 / 天

People Carrier/Mini Van 383.21 迪 / 天

Premium/Luxury 517.82 迪 / 天

Pick Up Truck 252.91 迪 / 天

【停车场收费规则】

多数大型商场停车场的前四个小时免费，之后收费为每小时 4 迪 / 小时。商店内电影院、餐厅或购物商店有些可以拿到延长停车时间的票。

露天的 public parking 用打卡机收费的那种，需要投硬币 2 迪 / 小时。停车楼的地下车库如果是 RTA 政府部门管理的，收费较低，3 迪或 4 迪 / 小时。私人停车场收费为 10 迪或 20 迪 / 小时。机场停车收费为 5 迪 / 小时，两个小时为 15 迪 / 小时，三个小时为 25 迪 / 小时。

【轻轨】

迪拜轻轨（metro）于2009年9月9日建成，车厢整洁，环境舒适，是迪拜旅游出行的最佳方式。

旅游者最常用的是银卡和红卡，银卡刷卡费用比红卡低，并包括7迪制卡费（退卡时可退还5迪）；红卡每张都有2迪制卡费并且刷卡费用较高。

1. 轻轨营业时间

星期六至星期三6:00—23:00；周四6:00—24:00；周五13:00—24:00。迪拜轻轨有严格的运营时间，每个站台都有提示牌提示接下来的3班列车的到达时间。可以根据自己的行程掌握时间。如果你的出行很早或很晚，可在每个站台的问讯处咨询首末班车的时间。

2. 轻轨卡价格

金卡

多为迪拜当地懒人用卡，或有贪图富贵的暴发户人员使用。价格为20迪，14迪制卡费。3公里以内为3.6迪；一区以内（one zone）为4.6迪；一区跨二区为8.2迪；两个区以上（two zones）为11.6迪。

银卡

经常乘坐轻轨的人员使用，多为在迪拜的打工族。价格为20迪，14迪制卡费。3公里以内为1.8迪；一区以内（one zone）为2.3迪；一区跨二区为4.1迪；两个区以上（two zones）为5.8迪。

蓝卡

防盗卡，必须网上申请，有申请人照片。价格为 70 迪，20 迪制卡费。3 公里以内为 1.8 迪；一区以内（one zone）为 2.3 迪；一区跨二区为 4.1 迪；两个区以上（two zones）为 5.8 迪。

红卡

一次性纸卡，多为不常使用地铁的人或旅游者用。价格最低为 4 迪，2 迪制卡费。3 公里以内为 2 迪；一区以内（one zone）为 2.5 迪；一区跨二区为 4.5 迪；两个区以上（two zones）为 6.5 迪。

旅游者最常用的是银卡和红卡，银卡刷卡费用比红卡低，但 14 迪制卡费不退；红卡每张都有 2 迪制卡费并且刷卡费用较高。如乘坐轻轨次数高于 7 次应考虑购买银卡。

3. 乘坐轻轨注意事项

（1）轻轨的第一节车厢为金卡会员独享车厢，有更松软的沙发，专门的服务人员坚守，如果你误入金卡会员之厢便会无情地被赶出去。注意看车厢上方的提示，gold class 就不要进去自找没趣了吧。

（2）轻轨的第二节车厢为妇女专用车厢，男士坚决不可踏入的禁地。如果你的同伴是女生，你也要站在第三节车厢的门口与她相望。当然你的女伴愿意陪你站在第三节以后的任意一节就没人管了。

（3）迪拜轻轨上坚决不能抽烟、吃东西、喝水、嚼口香糖，如果遇到检查人员，会被毫不留情地罚款 100 迪拉姆。

（4）迪拜轻轨有 WIFI 设施，由手机或笔记本通过 du 通信设施连接，收费服务。

【公交车】

通过公共交通工具游览迪拜十分经济实惠，可以从网上查到详细的线路图和时间表。但是公共汽车最大的问题就是时间间隔大。在迪拜中心区域间往返乘坐公共汽车是最方便的，如果想游览迪拜却没有自己的车，还需要做好乘坐出租车和步行的准备。

主要的公共汽车站有 Gold Souq Market 站和 Al Ghubaiba 站，前排座位是妇女专座。对于游客来说最有用的线路大概就是 8 路了，途经很多景点和商店。

公交车分为普通市区巴士、24 小时环线巴士（C 开头）、远郊巴士（X 开头）、夜间巴士（N 开头）、接驳轻轨站巴士（F 开头）、机场巴士（401、402）。乘车价格：普通公车单次为 2.3 迪，远郊或按路程远近票价不等，多在 2—7 迪之间，约 20—30 分钟一趟。迪拜老城区三个最大站点：Al Ghubaiba（Bur Dubai）、Al Sabkha（Deira）、Gold Souq（Al Sabkha 附近），大多数公交车都停此处，可以在此中转。公交时刻表可以在公交车站索取，也可拨打免费热线 800—48—48 咨询运行线路和时间。

【出租车】

迪拜的计程车有红顶、橙顶、黄顶、绿顶、蓝顶和粉顶，只是各家所属公司不同，价钱全部一样。粉顶专为女性或家庭服务，价格偏高一点。计程车类型分为普通的四人座轿车（Car）和家庭厢式车（Van）。白天的起步价是 3 迪拉姆，1.6 迪 / 公里；晚上起价为 3.5

迪拉姆，1.6迪/公里。如果遇到穿过 creek 河走 floating bridge 会加收4迪拉姆的过桥费。如遇到在街上打不到车的情况也可以打电话叫车，告知服务中心你所在的位置，它会派车过去，这样的收费起价是白天6迪，晚上7迪。粉色顶的计程车是迪拜另一道风景线，这种专门的女士司机是为女士或家庭服务的。起步价是白天6迪，晚上7迪。2009年开始新规定最低消费为10迪。24小时服务电话：800 9090。

机场计程车，专门从机场接乘客送至任何地方。这样的计程车没有什么区别，只有起步价的区别：普通四人座轿车起步价为20迪拉姆，1.6迪/公里；家庭厢式车和粉顶女士用车起步价为25迪拉姆，1.77迪/公里；在机场打车，会有专门的分配人员指定你到某一辆车去，他们多数会推荐粉色顶的计程车，但是可以自己选择，可以拒绝而选择普通的四人轿车。

注意：可以打电话04—2080808订出租车，需要支付3迪拉姆费用。为了安全起见，女性游客最好坐在出租车的后排。

【观光车】

同各个旅游城市一样，迪拜也有专业的游览车。这种大巴士途经迪拜主要旅游景点，好处是不用费力寻找路线，只要跟着随停随看就好了，但相对其他交通设施价格也不菲。Day tour 白天游览分为红线和蓝线，24小时票价为60美金，48小时票价为78美金。Night tour 晚间游览一条主要线路，票价为34美金。Airport tour 转机乘客线路，票价为30美金。Dubai&Abu Dhabi tour 迪拜阿布达比二日游，票价为95美金。

【航海线路】

迪拜是从印度洋附近往来船只的交易中心。游客如果想搭乘船舶到达迪拜，需要自行和船长安排。迪拜在拉希德港有国际邮轮码头，冬季歌诗达邮轮公司（Costa Cruises）将它的一艘游轮歌诗达炫目号（Costa Luminosa）停靠在迪拜。

往返伊朗：Valfajr 运输公司提供往返两地的船舶服务。每两天有船从阿巴斯港（Bandar Abbas）出发，抵达迪拜拉希德港（Rashid）后第二天返回。船过波斯湾大约需要6小时，截止到2010年2月，往返头等舱票价为145美元，1450000伊朗里亚尔，往返经济舱票价为122美元，1220000伊朗里亚尔，票价均包含午餐。

【水上巴士】

Water Bus 是新型的交通设施，在迪拜的 Creek 河上连接河两岸的重要交通设施，乘坐水上巴士横渡迪拜河也是迪拜的一大特色。Water Bus 同属于 RTA 公司，银卡和红卡同样适用，票价为2迪。Abra 翻译过来就是木制的小船，有传统阿拉伯风格，露天设计，夏天乘坐有点晒，不过是迪拜传统文化的一次不同体验，Abra 站点不多，只连接 Deira 和 Burj Dubai，票价为1迪，行驶3~4分钟。

【住宿】

阿联酋有很多的宾馆，都是外国人开的宾馆酒店，三星级酒店每天费用在 50—80 美金，住宿率很高。如果你来阿联酋享受一个超豪华的假期也完全没有问题，这里拥有很多超豪华的住宿，会适合你。五到七星级的酒店任你挑选，内部的设施齐备也是你很难想到的，至于酒店的服务就更不用多说。超一流的享受同样也要付出超一流的价钱，入住之前一定要认真地想清楚。

【出入境须知】

为确保国家安全，阿联酋在机场安装了虹膜检测机。持因私护照者入境者必须接受入境虹膜检测（IRIS SCANNING 俗称照眼睛），检测合格后将获得入境许可。

阿方规定，以下中国公民可免于虹膜扫描：在阿取得工作签证人员，持有外交、公务护照的中国公民，持香港特别行政区护照的居民。除上述人员外，其他旅阿中国公民均需在入境时接受虹膜检测。

此外，旅客入境时严禁私自携带毒品、武器、色情书刊、VCD 光盘、录像带、去痛片等违禁品或需特批的物品。

根据海关规定，入境旅客每人可免税携带两瓶白酒或两箱啤酒、400 支香烟、50 支雪茄、1 斤烟草。来自霍乱和污染疫区的旅客，禁止携带蔬菜、水果及养殖的珍珠。旅客出入境携带大额现金（超过 10000 美元或 40000 迪拉姆等同额度）需申报。

办理海关进出口手续时须提供所需文件：提货单、装箱单、商业发票、进出口许可证、原产地证、营业执照复印件、委托信函、纳税收据或免税证明。

三

购物环境

阿联酋盛产石油，居民生活水平很高，人均年收入每人达到两万美金以上，因此很多国际顶尖品牌进驻阿联酋，而阿联酋的特产，也是旅游者最常带回家的礼物。

【椰枣】

椰枣曾经是阿拉伯的最早期的食品。椰枣具有人体所需的绝大部分营养，每天食用 6 个就能生存，不但包括 7 种以上的维生素，还具有抗癌功能。

【香水】

在阿拉伯的居室中，世代奉行不断焚烧熏香的习俗。檀香木香还代表着主人对远道而来的宾客的诚挚欢迎，女宾会在香氛中稍稍伫立。因此有了这样的说法——“香水是属于阿拉伯的”，因此这里的香水也值得购买。

【波斯地毯】

波斯地毯制作考究，美观耐用，充满异域风情，为家居上品。另外，匕首、中东式茶壶、波斯风格刀剑等铜制品也值得购买，很多铜制品镶嵌了宝石，高贵典雅，且物有所值。

【黄金首饰】

迪拜的黄金市场里面有很多令MM们心动的各种饰品，手镯、项链、戒指等汇集了世界各地的款式，只以重量计价，不收设计费和工艺费。

【迪拜购物节】

一年一度的“迪拜购物节”是吸引全球游客的重要活动，许多人都选择在这个时候到阿联酋旅游。持续一个多月的购物节为人们提供了世界一流的商品和所需要的货物，大多数商品是以世界最低价格出售。除了购物，各种免费活动和商店的抽奖随处可见，奖品从现金到跑车，从首饰到黄金，使其成为购物节上最显而易见且最让人心动的王牌。多姿多彩的娱乐活动更让人目不暇接，如巨型烟花会演、音乐演唱会、民族舞表演、杂耍表演等。

【主要购物场所】

迪拜黄金市场

这是游客必去的地方。市场有好几条街，金店一家挨着一家，橱窗里放满了戒指、手镯、项链等饰品。在那里卖金制品不存在欺诈行为，因为迪拜贵金属贸易中心制定了统一的行动守则来约束珠宝商们，督促他们严格遵守最高国际准则和黄金交易机制。

Wafi Mall 购物中心

Wafi City 是一个名字叫作 Wafi 的集购物、住宅、酒店、餐饮娱乐于一体的街区。包括 Wafi Mall 购物中心，这是迪拜顶级奢华的购物中心；Pyramids 金字塔高档休闲会所区；Wafi Residence 住区；Raffles Dubai 五星酒店；Planet Hollywood 餐厅。

wafi 在阿拉伯语中的意思是“令您满意在此”，针对更多的非本地顾客消费者。据说这是一位埃及富豪开设的一个纯埃及风格建筑群体。购物中心聚集着更多的国际著名欧洲品牌产品和商店，是一家集众多国际精品于一家的大型商场。这里的圣诞节装饰非常漂亮，如果圣诞节去迪拜，一定不能够错过这里。

【伊本白图泰购物中心 Ibn Battuta Mall】

伊本白图泰购物中心（Ibn Battuta Mall）坐落在迪拜至阿布扎比主干道谢赫扎耶德路沿线，由迪拜棕榈岛集团（Nakheel）投资兴建。整个购物中心占地约 50 万平方米，是目前中东地区的主题购物中心中规模最大的。伊本白图泰购物中心由“中国”、“印度”“埃及”“波斯”“突尼斯”及“安达卢西亚”等 6 栋风格迥异而又彼此相连的建筑组成。这种设计灵感来自中世纪阿拉伯旅行家伊本白·图泰（Ibn Battuta，1304—1377）的旅行经历。他一生曾进行过三次洲际旅行，行程十余万公里，足迹遍及亚、非、欧三大洲，东至锡兰（今斯里兰卡）、印度、中国等地。整个购物中心共有 275 家零售商店、一家大型超级市场、营业面积超过3800平方米的餐饮区和一家拥有21个放映厅的超大影城，其中包括一个巨屏影院，这也是阿联酋地区的第一家。

【阿联酋美食】

阿联酋的餐饮为阿拉伯风味，包括开胃菜、汤、沙拉、烧烤、甜点。牛羊肉的做法多种多样，一大群人围坐在一起品尝综合烧烤，感受非凡。阿拉伯的甜品由肉、水果、蔬菜制成，配上阿拉伯风味的酱汁，香甜可口，阿拉伯沙律则是以水果、蔬菜配上酸奶、橄榄油、盐等，既可口又开胃。还有香酥的阿拉伯大饼，面饼上面撒上芝麻，然后烤熟，有一种纯粹的面香。

阿联酋美食的特色菜包括阿拉伯烤鸡、阿拉伯甜品、阿拉伯烤牛、阿拉伯烤羊等。在阿联酋迪拜，几乎全世界各国的餐饮食物你都能在这儿找到！除了传统的阿拉伯风味餐饮，还有伊朗、黎巴嫩、叙利亚、埃及、摩洛哥等国家或地区的餐饮，欧洲各国以及亚洲各国的特色餐饮食品也应有尽有。法国、意大利、英国的餐饮，美国的麦当劳和肯德基快餐、比萨，中国的中餐、火锅，印度、巴基斯坦的食物，泰国、韩国、日本风味等，只要你想吃，就能找到地方。

这里虽然是伊斯兰国家，猪肉却一样能买到，只是不允许公开在餐馆卖。牛肉、羊肉以及海鲜是这儿的主要食物，海鲜品种繁多，各种各样的海鱼应有尽有，虾蟹在这里随便哪儿都能买到，龙虾、大蟹、石斑鱼等在国内很昂贵的食品，在这里都很便宜。但是这儿没有食用河鱼，吃的鱼全是海鱼，也没有我们在国内常吃的鳝鱼、泥鳅之类的东西，有的中餐馆出售这些菜，全部都是国内进口来的冷冻制品，所以价格比国内贵很多。这里的蔬菜水果，则几乎全部依靠进口，所以很多蔬菜的价格非常昂贵。

推荐的调料有：

阿拉伯特色调料有：

Hoummus：这是非常正宗的阿拉伯酱，由豌豆和芝麻磨粉调制而成，香浓可口。

Tabbouleh：这是由切碎的香菜、薄荷和粉碎的小麦拌成的调料。

阿拉伯特色菜有：

Ghuzi：整只烤羔羊，以大米混合坚果为底料垫底而成。

WaraEnab：用树叶包裹着米饭的食物。

KoussaMahshi：填充了肉馅的小胡瓜。

Matchbous：五香羊肉饭。

Hareis：通过微火慢慢炖熟的混合稻米和嫩羊肉的鲜美的食物。

Shawarma：这是一种在街边小店里出售的阿拉伯小吃。是用牛肉和鸡肉做成的烤肉，吃的时候用刀削刨成小块儿，然后混合西红柿、泡椒等裹在饼里食用。

阿拉伯甜点有：

Umm Ali：一种面包布丁。

EshAsaraya：甜点的一种，上层是奶油的奶酪蛋糕。

Mehalabiya：一种喷洒了玫瑰露，混合有开心果的布丁。

阿拉伯餐主食有：

阿拉伯烤饼和混合了各种海鲜的炒米饭，是任何一种阿拉伯餐的主食。

四

阿联酋旅游景点

提到阿联酋，人们往往第一想到的是迪拜，但阿布扎比才是它的首都。

迪拜是一个沙漠中的奇迹，有着太多为人所熟悉的建筑物。迪拜塔、棕榈岛、世界岛、七星酒店，各种未来感强的建筑在此拔地而起，颠覆和征服你所有的感官思维。它是阿联酋毋庸置疑的经济中心。而它也有着不容忽视的另外一面——古老城区：矮矮的灰黄色系的水泥建筑，售卖黄金的金铺和阿拉伯香料街，隐约从远处清真寺传来的虔诚唱诵，还有街上悠闲行走的当地人，洋溢着浓浓的阿拉伯风情。

首都阿布扎比相对迪拜而言是低调而奢华的存在。它有着精美绝伦的谢赫扎耶德清真寺，光清真寺建筑本身就已经很震撼了。如果爱好赛车，你还可以来此参观世界上唯一一个法拉利主题公园。或是在每年的 11 月初来此观看一场刺激的 F1 比赛，在沙漠中体验一把速度与激情，随着比赛两个小时的进行，天色慢慢步入黄昏，太阳渐渐落入地平线下，整场比赛从白天至黑夜的变化也是全年二十几个赛事中独一无二的体验。

沙迦没有迪拜的奢华，没有阿布扎比的头衔，可它朴朴实实的，是中东地区的文化名城、阿联酋的宗教中心。这里有许多博物馆、清真寺、广场和集市，如果你看腻了奢华，不妨来此体验最古老最具阿拉伯特色的城市吧。

阿联酋不仅仅有迪拜和阿布扎比，也不单是一个过境地或购物狂欢地，你可以在原始白沙滩上享受日光浴与鸡尾酒，选择晚上跟随世界级 DJ 一起狂欢到清晨；潜到水中体验阿联酋最初的珍珠采捞业，在 Hatta 观赏独特的沙丘美景并为之震撼；前往沙迦的老集市尝试跟阿联酋精明的阿拉伯商人讨价还价，或是在阿布扎比的沙漠里夜间裹紧自己仰望星空，或者观看一场世界顶级赛车比赛。

【迪拜塔】

迪拜塔（阿拉伯语：برج دبي，Burj Dubai），又称迪拜大厦或比斯迪拜塔，迪拜塔效果图是位于阿拉伯联合酋长国迪拜的一栋已经建成的摩天大楼，有 162 个楼层，总高度为 818 米，比台北 101 大厦足足高出 310 米。迪拜塔由韩国三星公司负责营造，在 2004 年 9 月 21 日开始动工，总耗资约 80 亿美元。

迪拜塔的建筑设计采用了一种具有挑战性的单式结构，由连为一体的管状多塔组成，具有太空时代风格的外形，基座周围采用了富有伊斯兰建筑风格的几何图形——六瓣的沙漠之花。迪拜塔加上周边的配套项目，总投资超70亿美元。迪拜塔37层以下是一家酒店，45层至108层则作为公寓。第123层是一个观景台，站在上面可俯瞰整个迪拜市。建筑内有1000套豪华公寓，周边配套项目包括老城，迪拜MALL及配套的酒店、住宅、公寓、商务中心等项目。

迪拜塔不但高度惊人，连建筑物料和设备也“分量十足”。迪拜塔总共使用33万立方米混凝土、3.9万吨钢材及14.2万平方米玻璃。大厦那么高，当然需要先进的运输设备。大厦内设有56部升降机，速度最高达每秒10米，另外还有双层的观光升降机，每次最多可载42人。

此外，迪拜塔也为建筑科技掀开新的一页。为巩固建筑物结构，目前大厦已动用了超过31万立方米的强化混凝土及6.2万吨的强化钢筋，而且也是史无前例地把混凝土垂直泵上逾460米的地方，打破台北101大厦建造时的448米纪录。

【帆船酒店】

阿联酋迪拜的帆船酒店是世界上唯一的七星级酒店，位于延伸至阿拉伯海湾280米内处的人工岛上，外形就像一块迎风飘扬的风帆，塔高321米，一共有56层，321米高，曾是全球最高的酒店，比法国埃菲尔铁塔还高上一截，堪称建筑杰作，是阿联酋最奢侈的代表。

酒店拥有202间豪华的双套房，餐厅位于最顶层，极其华丽。

200 米高的可以俯瞰迪拜全城的餐厅以及世界上最高的中庭，除了是一座酒店，更是来此旅游的人一定要参观的景点。它正对着 Jumeirah Beach 酒店（曾被认为是世界上最棒的酒店）。

酒店内部装饰布置极尽奢华之能，触目皆金，房间内用品均为世界顶级奢侈品牌制造，酒店的 AI—Mahara 海鲜餐厅位于海底，需乘坐潜艇到达。

客房面积从 170 平方米到 780 平方米不等，最低房价也要 900 美元 / 天，最高的总统套房则要 18000 美元 / 天。总统套房在第 25 层，家具是镀金的，设有一个电影院、两间卧室、两间起居室、一个餐厅，出入有专用电梯。

参观该酒店必须支付一定费用，参观时要求着正装。

【世界岛】

世界岛是迪拜 Nakheel 集团负责的 13 项超大型地产项目中最引人注目的一项。从 2003 年 9 月开始，Nakheel 在离迪拜海岸 4 公里处一块长 9 公里、宽 7 公里的海域内，依照世界地图的布局开始兴建 300 座人工岛屿。整项工程仅填海和基础设施建设就耗资 30 亿美元，2008 年竣工。所有岛屿都按其“地理位置”命名，如“爱尔兰”“泰国”，甚至是“也门”。

世界岛项目用了 3000 万吨岩石和 3 亿立方米的沙，没有任何人造或化学材料，岩石来自阿联酋各地的采石场，而沙子就取自迪拜。“世界岛”总面积达 6000 万平方英尺，约合 557 万平方米，每座小岛没入水下 16 米，露出水面 3 米。因大小和位置不同，售价从 350 万英镑到 2000 万英镑不等。岛屿之间相隔 50—100 米，直升机和海上交通是唯一的上岛方式。

世界岛由 250 座面积从 2.3 万至 8.4 万平方米不等的小岛组成。这些小岛的形状经过精心设计，组成一个国家或一个地区的形状，投资者可以买下整个“美国”，也可以买下“欧洲”，可以安排土地作私人或商业用途，亦可按照自己的需要和喜好建造适当的建筑，但是建筑高度受限，以免破坏世界岛的“地图”效果。发展商预料，来自不同国家的投资者将会按照岛屿的位置在上面建造相应的充满各国特色的主题建筑，或者建造一些历史遗迹或建筑的复制品。每个岛屿之间都将有 50 米至 100 米宽的水域相隔。各岛屿之间不提供陆路交通，完全依靠海上交通，以此确保各岛的独立性。岛屿开发商刻意将世界岛设计成与陆地不相连的“孤岛”群，好让岛上居民拥有一个远离喧闹尘嚣、清新脱俗的世界。整个世界岛占地 5.5 平方公里，当中包括约 1 平方公里的沙滩。

开发商的初衷，是在微缩世界版图上建立奢华的酒店、开发豪华地产用于销售给全世界的富豪。买下小岛的人将会拥有岛上的无限主权，甚至有的岛会设置海关确保进入每个小岛的客人是经过岛主允许才进入的。每个岛的售价都达到 1500 万美金到 3000 万美金的水平。2008 年，纳克希尔（Nakheel）宣布 70% 的岛上不动产已经完成销售。

【迪拜酋长购物中心】

迪拜酋长购物中心（Mall of Emirates）现在至少是全球五大购物中心之一，其面积有73个足球场那么大，这里聚集着400余家商店、十几家电影院以及近70家餐厅和一个室内滑雪场。购物中心里面有整个商场的地图，十分复杂。

在购物中心里有一条顶级名牌街，汇集了多个全球顶级奢侈品牌，其中尤以女装店最多，集中了很多一线品牌。这里的很多服装品牌在国内都看不到，这条街虽然在建筑风格上还带着强烈的中东阿拉伯传统风格，但与其中所容纳的西方奢侈品牌形成的鲜明对比给我们带来强烈的视觉冲击。顾客中不乏身着白色或黑色阿拉伯传统服饰的本地人，虔诚地遵守伊斯兰教义，并不影响他们追求时尚潮流。

另外，阿联酋是个免税国家，买世界名牌在迪拜很合算，这里的免税店规模在全球也名列前茅，很多国际顶尖品牌进驻阿联酋。同国内相比，这里最值得买的是名牌产品，比如名表、名牌服装、名牌化妆品，包括香水，以及名牌墨镜、箱包、鞋子等，普遍比国内价格便宜四到六成。匕首、中东式茶壶、漂亮的水烟壶、波斯风格刀剑等铜制品也值得购买，很多铜制品镶嵌了宝石，高贵典雅，且物有所值。有些便宜又有纪念价值的东西，比如七色沙，这是由阿联酋7个酋长国的7种不同颜色的沙子分层做成，非常精美漂亮。

【阿布扎比大清真寺】

谢赫扎耶德清真寺也叫阿布扎比大清真寺，是为纪念阿联酋第一位总统而建造的。这座清真寺以豪华著称，仅黄金就用去了46吨，汉白玉砖墙更是不计其数，水晶吊灯数万盏，据说建设总花费约55亿美元。寺中的巨型地毯和水晶镀金吊灯均为世界之最。谢赫扎耶德清真寺有82个圆顶，4座高107米的宣礼塔。可容纳4万人聚礼，其中大厅可容纳7000人，两个小厅（有一座是女寺）可以容纳1500人。宏伟、洁白、纯净，巨大的穹顶上面是弯弯的新月，周围方形的长廊有金色的花纹装饰，在阳光下变幻着耀眼的光彩。大清真寺建筑群用的都是来自南斯拉夫的白玉大理石，非常庄严肃穆，雪白的大理石圆顶及墙面，在阳光下隐隐发亮，白得一尘不染，而其内部也有很多大理石柱子。在清真寺周围有以蓝色为池底的水池，衬出一种令人肃穆的恬静。如果说白色使得这座清真寺有着堪比天堂的纯净与肃穆，金色则赋予其灵动与妖娆的气质。46吨黄金被设计师尽情地撒向清真寺的每一处景致。廊柱的柱头上，点缀着镀金的椰枣树叶造型的装饰，它们像藤蔓一样向上延伸，充满生命的活力。刻有古兰经的墙面上也镀了一层金，显得异常神圣。

【阿布扎比民俗村】

阿布扎比民俗村紧靠防波堤，游客可以欣赏海水质量堪比马尔代夫的白沙海滩。村中展示了未发现石油前阿布扎比人的传统生活，还有精彩的传统手工艺品现场制作。在这里可以了解古老贝都因人的生活民俗，村里面有一座座贝都因式的帐篷，有用棕榈树叶和泥巴盖成的屋子，以及早期的清真寺建筑，它们都是仿照过去游牧和渔业时期的样子建造的。栅栏内饲养着骆驼、马、羊和牛，它们都是居民主要的交通工具或畜产经济来源。仿古老集市而建的露天市场则出售各种手工艺品。在靠近海岸的地方还有木船的展示和文字说明，木船是过去人们最重要的交通和致富工具，人们靠它捕鱼，做珍珠贸易为生。欣赏传统工艺品制作最有趣的是在一家家泥屋里，有各种不同主题的手工艺品现场制作，像做衣服的，里头就有一台传统织布机，阿拉伯妇女在里面织衣服；做香水瓶的，工人们则认真吹着玻璃，制作出一只只精美漂亮的香水瓶；做武器刀剑的，工人便熟练地敲铜铸铁。另外，还有陶器、木雕、咖啡壶、贝壳饰品、皮件、地毯等手工艺制作。你不但能亲眼看见它们的制作过程，由于工匠手艺好、工艺品品质佳，也值得现场采购一件极具个性的工艺品。

【首都之门】

首都之门是吉尼斯世界纪录认证的“全球倾斜度最大的人工建筑”，不仅有着 4 倍于比萨斜塔的斜度，更有柔和的曲线，给人强烈的视觉冲击和享受，是阿布扎比明信片上的风景之一。

该建筑是一座集酒店和办公场所为一体的综合建筑，高 160 米，共 35 层，其整体结构从 12 层开始朝西倾斜角度达 18 度，而比萨斜塔的倾斜度只有 4 度。当然，与比萨斜塔的倾斜不一样的是，首都之门早在设计之初就计划要建造成“世界上倾斜度最大的建筑”。

【法拉利主题公园】

全球唯一的法拉利主题公园坐落在阿布扎比亚斯岛，这也是世界上最大的室内乐园。在场馆内，除了法拉利各个时期的跑车、赛车，就连F1车房、驾驶模拟器都有“复制品”。而全球速度最快的过山车则让游客惊叫连连。

若从空中俯瞰，该主题公园如同外星飞碟，其红色的顶棚上印有硕大的法拉利LOGO。这里有除法拉利总部——马拉内罗之外世界上最大的法拉利赛车展示馆，游客可以尽情饱览众多经典款及当代法拉利赛车系列。此外，你还可以游览法拉利的赛前停车场，亲自感受赛车和训练过程中使用的工具，甚至可以接受培训，为F1赛车换轮胎，过一把后勤维修人员的瘾。

Formula Rossa：世界上最快的云霄飞车，最高时速可达240公里。

Speed of Magic：跟随一个小男孩开启一段奇妙的4D之旅，穿越一个现实中法拉利跑车从未曾驶入的梦幻般、千变万化的神奇境地。

Made in Maranello：一段虚拟之旅，游客可以透过声名显赫的法拉利马拉内罗工厂的围墙，一睹法拉利跑车的制造过程。

V12：一次惊心动魄的激流勇进，体验12缸引擎的巨大威力。

G—Force：这个跳楼机灵感直接取自法拉利Enzo的模拟器，将游客推向62米的高度，冲出屋顶后再返回地面，惊险体验令人血脉贲张。

Scuderia Challenge：尖端的赛车模拟器，可媲美那些法拉利车手在训练中所使用的赛车。

园内除过山车和跳楼机挑战人的极限外，多是一些刺激性较低但十分有趣的项目，如4D。

【酋长酒店】

这是全世界唯一一座号称八星级的奢华酒店，位于阿联酋首都阿布扎比西北，被世人冠以迄今为止最奢华、最昂贵、最享受的酒店，为了兴建该饭店，酋长花费了近30亿美元。

酒店与阿联酋总统府仅一街之隔，拥有1300多米长的黄金海岸线。从酒店内还可以远眺对面的阿提哈德大厦等繁华胜景。

远远望去，酒店的外形仿佛是一座水上清真寺，与传说中的辛巴德或阿里巴巴时代的皇宫也略有相似，有着浓郁的中东风情。其内部更是金碧辉煌，据说耗尽22吨纯金打造，更有上千盏施华洛世奇水晶吊灯、海量的大理石，甚至还用几万朵的新鲜玫瑰作为装饰。当你走进这座“宫殿”，便会明白为什么它会被公认为“简直是为国王而建的”。这不仅仅是因为它雄伟的外观、奢华的内饰和庞大的服务团队，更因为所有细节的完美呈现。不过，如果你不是酒店住客，想要入内参观则需预约酒店餐厅用餐才行。酋长酒店内有米其林三星的Hakkasan中餐厅、Le Vendome自助餐厅、Le Caf é

等众多高级餐厅，你不妨在此享用一顿奢华的午餐或惬意的下午茶。从官网预订餐厅，在预约时间内凭邮件确认函入内即可。

【迪拜博物馆】

迪拜博物馆坐落在阿法迪城堡（Al Fahidi Fort）内，这座城堡是迪拜最古老的建筑。可以参观博物馆内的仿古代商人大屋和地下热闹的仿古市集。

博物馆建于1787年，曾经是守护迪拜的军事要塞，后加建了艺术馆，用以介绍阿拉伯人的祖先贝多因人的历史。

城堡的门口有两门古炮，走进阿法迪城堡，映入眼帘的便是高台上有一艘仿古的大帆船，如今它已经成为博物馆的标志物。在大院中，露天陈列着古炮和一堆铅球样的炮弹，或许这便是当年迪拜守卫军的武器装备。此外，院中还有几艘旧时保留下来的帆船和一口古井。古井的旁边是棚屋，这些棚屋就是古代商人的大屋。

走进商人大屋，里面复原了当年大屋的陈设。有床铺和厅堂，最令人瞩目的是土空调。高出棚屋的风塔，十字形的风口，可以引进四面的来风，站在风口下可以体会到阵阵清风。

走出古代商人大屋，来到迪拜博物馆的地下通道内，犹如进入了时光隧道。这里呈现出了栩栩如生的贝多因人的世界。有和实际尺寸一样的古市集，如活人般的铁匠、珠宝商和裁缝师。博物馆里还有像好莱坞制片厂一般的场景——真实大小的骆驼、绿洲、营火等。走出地下陈列室便是纪念品商店，各种纪念品琳琅满目，可以挑挑看。

此外，博物馆中循环放映一段有关迪拜历史的电影，片长约15分钟，有时间的话可以看看。讲述了从沙漠中的走兽到海洋中的飞禽，从石油时代之前的贫困落后，到石油时代之后的飞速发展的迪拜。

【迪拜河】

迪拜河是迪拜的母亲河，孕育了迪拜的诞生。乘坐古老的木桅船畅游一番，白天可以欣赏两岸林立的高楼大厦及圆顶清真寺；夜晚游览华灯溢彩的迪拜湾夜景。迪拜河约10公里长，它将迪拜这个城市一分为二，河的西南边是新兴的Bur Dubai区，河岸边林立着现代高楼大厦，玻璃幕墙在阳光下闪闪发光，其中最高的大楼是电讯大厦。而另一边是象征着迪拜历史的旧城区Deira，传统的风塔、圆顶的清真寺及各种琳琅满目的集市。

如果想要全面地欣赏迪拜河，建议乘坐迪拜河游船。常规路线是参观迪拜博物馆和阿拉伯历史建筑群，之后在码头坐游船前往对岸的黄金市场和香料市场，或者反之。在阳光明媚的上午，太阳尚未刺眼的时候，伴随着清新的海风，抬头可见河面上自由飞翔的小鸟，低头是清澈见底的河水，以及两岸古老的清真寺与摩天大楼交相辉映，此时的心情也会非常舒畅。

游船有很多种类，有一种古老而传统的木桅船（Abra），一艘船可承载20名游客，凑足人数后，船夫便在开船前才向乘客收费，

1 迪拉姆便可从河这边抵达对岸，只需 5 分钟。除了摆渡的方式，也可以花约 40 迪拉姆租上一个小时的 Abra，在迪拜河上随意畅游一番。

除了传统的木桅船，还有观光游艇，叫作 Dubai Luxury Cruises，路线也是绕迪拜湾一圈。另外，还有一种叫 Wonder Bus Tours 的游船，看上去像一辆花里胡哨的公共汽车，它可以水陆两用，非常有趣。

早晨的迪拜河是宁静的，零星的船只在河边上行驶。此时漫步河边，还可以看到虔诚的教徒在入清真寺前来到河边用河水洗净手脚。而沿河的店铺还未营业，整条街显得冷冷清清，走在街上仿佛进入时光隧道回到古阿拉伯时期，每家店的木门又厚又大，而门上的铜门扣更是古色古香。

本章要点

11 月至次年 3 月是赴阿联酋旅游的最佳旅游时间。

在阿联酋的机场免税店购物可以使用美元和欧元，可刷银联卡。计程车付费只能接受迪拉姆，不能刷卡。

携程等旅游服务商已经可以提供外币兑换服务，例如在携程 APP 首页“外币兑换”频道，可以使用“手机支付，到店取钞”服务，免预约、不排队，可在机场快速取钞。

Visa 以及 MasterCard 可在阿联酋广泛使用。目前，阿联酋境内 Mashreq、花旗银行和渣打银行的 ATM 可使用银联卡提取当地货币或者美元。大部分提款机可以用银联卡提现。柜台带有银联标志的可以刷中国的信用卡。

阿联酋使用英式方形三相插头，电压与国内一样是 220 伏。手机通行 GSM 和 3G 制式，国内手机可直接使用。

阿联酋是阿拉伯国家，国教是伊斯兰教，绝大部分居民是穆斯林。阿联酋实行政教合一，对其他宗教人士奉行信仰自由的政策，在中东伊斯兰国家中，阿联酋的宗教政策最为开放。

阿联酋的常用紧急电话号码分别是急救：998；匪警：999；火警：997。

自 1971 年建国以来，阿联酋政局稳定，迄今未发生过恐怖袭击（爆炸），遭受恐怖袭击的可能性较小。

从 2016 年 11 月 1 日开始，阿联酋对中国公民开放免签，中华人民共和国公民持有效期为 6 个月以上的普通护照入境阿联酋，无须预先申请签证，且入境不收取任何费用，可停留 30 天。

迪拜轻轨（metro）于2009年9月9日建成，车厢整洁，环境舒适，是迪拜旅游出行的最佳方式。

为确保国家安全，阿联酋在机场安装了虹膜检测机。持因私护照者入境者必须接受入境虹膜检测（IRIS SCANNING 俗称照眼睛），检测合格后将获得入境许可。

图书在版编目（CIP）数据

对外投资与旅游地指南．阿联酋卷／王思宇著．--
北京：经济日报出版社，2017.6
ISBN 978-7-5196-0126-3

Ⅰ．①对… Ⅱ．①王… Ⅲ．①投资环境-概况-阿拉伯联合酋长国②旅游指南-阿拉伯联合酋长国 Ⅳ．①F138.799②K938.79

中国版本图书馆 CIP 数据核字（2017）第 130759 号

对外投资与旅游地指南【阿联酋卷】

作　　者	王思宇
责任编辑	淡　霞
责任校对	武春玲
出版发行	经济日报出版社
社　　址	北京市西城区白纸坊东街 2 号
邮政编码	100054
电　　话	010-63584556（编辑部）　63516959（发行部）
网　　址	www.edpbook.com.cn
E-mail	edpbook@126.com
经　　销	全国新华书店
印　　刷	中国电影出版社印刷厂
开　　本	710×1000 mm　1/16
印　　张	19.75
字　　数	200 千字
版　　次	2017 年 9 月第一版
印　　次	2017 年 9 月第一次印刷
书　　号	ISBN 978-7-5196-0126-3
定　　价	98.00 元